本书为华东师范大学繁荣计划预研究项目"我国保险欺诈的识别及保险诚信制度的构建研究"（项目编号：51X03034）成果之一。

高校社科文库
University Social Science Series

教育部高等学校
社会科学发展研究中心

汇集高校哲学社会科学优秀原创学术成果

搭建高校哲学社会科学学术著作出版平台

探索高校哲学社会科学专著出版的新模式

扩大高校哲学社会科学学科科研成果的影响力

叶明华/著

中国机动车保险欺诈：
经济理论与实证分析

Chinese Automobile Insurance Fraud:
Theoretical Research and Empirical Analysis

光明日报出版社

图书在版编目（CIP）数据

中国机动车保险欺诈：经济理论与实证分析 / 叶明华著.
－－北京：光明日报出版社，2010.4（2024.6 重印）
（高校社科文库）
ISBN 978－7－5112－0679－4

Ⅰ.①中⋯ Ⅱ.①叶⋯ Ⅲ.①汽车保险—诈骗—研究—中国
Ⅳ.①F842.63

中国版本图书馆 CIP 数据核字（2010）第 046075 号

中国机动车保险欺诈：经济理论与实证分析
ZHONGGUO JIDONGCHE BAOXIAN QIZHA：JINGJI LILUN YU SHIZHENG FENXI

著　　者：叶明华	
责任编辑：刘　彬	责任校对：陈建平　韩思成
封面设计：小宝工作室	责任印制：曹　净

出版发行：光明日报出版社

地　　址：北京市西城区永安路 106 号，100050

电　　话：010-63169890（咨询），010-63131930（邮购）

传　　真：010-63131930

网　　址：http：//book.gmw.cn

E－mail：gmrbcbs@gmw.cn

法律顾问：北京市兰台律师事务所龚柳方律师

印　　刷：三河市华东印刷有限公司

装　　订：三河市华东印刷有限公司

本书如有破损、缺页、装订错误，请与本社联系调换，电话：010-63131930

开　　本：165mm×230mm			
字　　数：200 千字		印　　张：11.25	
版　　次：2010 年 4 月第 1 版		印　　次：2024 年 6 月第 3 次印刷	
书　　号：ISBN 978－7－5112－0679－4－01			
定　　价：65.00 元			

序

20世纪80年代保险欺诈开始在美欧蔓延，历经30年，国际保险欺诈与反欺诈的较量从来没有停止过。根据2009年美国保险反欺诈联盟统计，机动车保险欺诈给美国保险业带来年均约130亿美元的损失；而根据英国保险人协会统计，2008年保险欺诈使英国保险业年均损失约7.28亿英镑。美国、英国、日本、加拿大等国的保险监管机构及研究人员倾注多年精力对保险欺诈进行预警、识别及防范的研究。21世纪初是国际保险反欺诈进程的一个重要转折点，新的欺诈识别技术被广泛引入，同时后续的检验、修正和拓展工作也没有止步。

我国从1980年开始恢复国内保险业务。得益于经济水平的提升，财产保险得到快速发展。20世纪90年代以后，随着人均收入的提高，我国机动车保有量急剧上升，而2009年国家机动车消费刺激计划更是掀起一阵机动车消费热潮。根据公安部统计，至2009年底我国机动车保有量达1.86亿辆，机动车已成为人们出行的重要交通工具，同期机动车保险保费收入远超企业财产保险，为我国非寿险第一大险种，机动车保险经营的好坏直接影响财产保险公司的赔付水平、利润及经营稳定性。近几年机动车保险欺诈在我国迅速扩散，导致保险赔付增加，扰乱正常保险经营秩序。

与日益严重的保险欺诈相比，目前我国保险公司防范欺诈的措施还不全面，未能积极有效地进行欺诈识别及预警，保险公司还处在保费争夺战中，虽已感知欺诈的威胁，但欺诈识别的高成本和收益的外部性使大多数公司宁愿等待"搭便车"的机会。与国际保险反欺诈研究的热度相比，我国对保险欺诈的关注只是初现端倪，保险欺诈的严重性与欺诈研究被淡漠的程度相映。正是基于此，本书开启了保险欺诈研究承前启后的工作，承国内外学者已有的研究为基础，对欺诈动因的相关理论进行推进和拓展，同时在国内首度尝试欺诈识别的实证分析，以此抛砖引玉地启未来他人继续对欺诈识别和预警研究的跟进。

由于欺诈实现的条件和路径在各个国家不尽相同，本书考察我国当前垄断竞争的保险市场格局、保险费率的市场化、保险反欺诈法律缺失等经济制度及环境对保险欺诈的影响。同时也将我国保险欺诈手段、欺诈程度及目前已有的反欺诈策略等与国际状况相比较，以此考察我国机动车保险欺诈特有的制度背景因素。

为了全方位探究机动车保险欺诈产生的动因，本书从不完全合约理论、激励—约束机制理论、博弈论、经济伦理学等视角全方位进行剖析，细致区别了风险效用在投保前后变化的情况下商业性机动车保险欺诈与强制性机动车保险欺诈不同的欺诈获利动因；分析在社会的欺诈容忍度上升情况下，法律法规缺位与道德约束弱化如何引致保险软欺诈；研究保险公司反欺诈成本因素以及保险欺诈识别的外部性对保险硬欺诈的影响等。本书拓展了基于信息不对称研究保险欺诈成因的单一视角，尝试寻求保险硬欺诈与软欺诈在动因上的差异。

从 20 世纪 80 年代至今，国际保险欺诈研究开发出不同识别模型，尤其是备受推崇的经典模型：AAG 模型、神经元网络模型、专家系统模型、决策树模型等。本书对其适用的前提条件、识别的效率及对保险索赔数据分布特征的要求等作了细致分析。由于我国目前还没有完整的索赔电子数据库，无法实现全国机动车欺诈识别的实证分析，为了克服相关数据缺失的障碍，作者到保险公司调研收集索赔案例，对数据进行量化处理，应用统计分析软件，得到关于我国机动车保险欺诈识别的显著及弱显著指标。诚然，囿于数据来源的局限，这些识别指标更多具有华东区域特征，但是本书毕竟开启了一个欺诈识别的尝试，待未来全国层次的保险信息平台建成完善后，必然有在保险欺诈识别领域进一步深化和拓展的跟进研究。

基于不同类型机动车保险欺诈、不同欺诈动因及实证分析得到的识别指标，本书构建融合保险公司、行业组织、监管机构及社会舆论等为一体的保险反欺诈体系。其核心在于通过保险反欺诈相关法律的完善使对保险硬欺诈的惩罚有法可依；加强行业内和跨行业的保险信息平台建设，使识别欺诈的成本下降，同时欺诈识别的收益内部化；推进保险索赔案例的电子化建设，杜绝重复欺诈现象；改进保险合约，提供合约的附加值服务，以期通过提高投保方效用来降低保险软欺诈；最后，加强社会舆论和监督，在全社会范围内构筑保险反欺诈的联合力量，同时防止道德弱化和诚信度下降对保险欺诈的催化作用。

全书分为七章：第一章对写作背景作了介绍，同时对目前国内外保险欺诈的相关文献进行梳理；第二章简要分析美国、日本、英国及我国的机动车保险欺诈态势、现状及特征；第三章和第四章是本书的研究重点，基于经济理论分析机动车保险欺诈产生的动因，同时对欺诈识别模型进行比较分析并进行我国的实证检验；第五章和第六章分析机动车保险欺诈的经济后果，同时给出关于我国机动车保险反欺诈的策略；第七章对研究路径、方法和结论作了总结。本书的研究实现了两个目标：一是细化和拓展我国不同类型的机动车保险欺诈产生的动因研究；二是对经典的机动车保险欺诈识别模型分析，并采用我国样本数据进行实证检验，初步构建我国机动车保险欺诈识别的指标群。

作者在该领域进行了较长时期的理论及实证研究，提出保险软欺诈和硬欺诈不同动因理论及商业保险和强制保险不同欺诈机理，是对该领域研究的一项创新；同时对我国机动车保险欺诈进行实地调研及欺诈识别的实证分析，填补了目前我国欺诈识别的空白。整体而言，本书对我国目前的机动车保险欺诈作了全面的、系统的、富有深度的论述。本书对我国正在聚焦的保险经营风险研究及保险诚信建设研究具有重要的专业性参考价值。相信本书的出版有利于推动全社会对保险欺诈和金融欺诈的关注，为未来相关研究提供理论及实证基石。

作为保险欺诈理论和实证研究的专著，本书可以给保险理论研究学者和保险实务人士提供借鉴，还可以作为保险专业教师和高年级学生参考用书，亦适合金融欺诈及诚信研究的人士阅读。我乐意向读者推荐这部书。

卓　志
于西南财经大学
己丑年十一月

CONTENTS 目 录

序 / 1

第一章 引 言 / 1

第一节 研究背景及相关概念界定 / 1

一、本书研究背景及意义 / 1

二、相关概念界定 / 3

第二节 相关研究综述 / 8

一、国际保险欺诈研究综述 / 8

二、国内保险欺诈研究综述 / 12

三、对保险欺诈不同研究方法的比较分析 / 14

第三节 本书的框架结构 / 15

第四节 本书研究拟解决的问题和研究目标 / 16

一、本书研究拟解决的问题 / 16

二、本书的研究目标 / 17

第五节 本书的创新之处 / 18

第二章 机动车保险欺诈现状分析 / 21

第一节 机动车保险欺诈概述 / 21

一、投保方欺诈的具体表现 / 22

二、保险公司业务人员串谋欺诈的表现 / 24

第二节　美国机动车保险欺诈 / 24

一、美国机动车保险概述 / 24

二、美国机动车保险欺诈现状 / 25

三、美国机动车保险反欺诈 / 27

第三节　英国机动车保险欺诈 / 29

一、英国机动车保险概述 / 29

二、英国机动车保险赔付及欺诈分析 / 30

三、英国机动车保险欺诈因素分析 / 31

第四节　日本机动车保险欺诈 / 34

一、日本机动车保险概述 / 34

二、日本保险欺诈分析 / 35

第五节　我国机动车保险欺诈现状 / 36

一、我国机动车保险制度变迁 / 36

二、我国机动车保险市场现状 / 39

三、我国机动车保险欺诈 / 41

第六节　本章小结 / 42

第三章　我国机动车保险欺诈成因的理论分析 / 44

第一节　机动车保险欺诈成因：基于不完全合约视角 / 44

一、不完全合约理论综述 / 44

二、机动车保险合约的不完全性 / 46

三、不完全合约与机动车保险欺诈 / 47

第二节　机动车保险欺诈成因：基于经济伦理学视角 / 50

一、经济伦理学与机动车保险最大诚信原则 / 50

二、诚信弱化与保险欺诈 / 52

三、基于保险人不诚信引致的欺诈分析 / 53

第三节　机动车保险欺诈成因：基于风险－效用理论视角 / 54

一、商业机动车保险概述 / 54

二、机动车商业险的风险－效用分析 / 58

三、机动车强制险的风险 – 效用分析　　/62

第四节　机动车保险欺诈成因：基于信息不对称的视角　　/63

一、信息不对称及其在保险中的相关研究　　/64

二、机动车保险中的信息不对称　　/66

三、信息不对称下机动车保险欺诈博弈分析　　/68

第五节　机动车保险欺诈成因：其他法律、制度因素　　/72

一、市场结构与机动车保险欺诈　　/72

二、归责原则、格式合同与机动车保险欺诈　　/73

三、承保和理赔流程的变化与机动车保险欺诈　　/75

四、免赔额、无赔款优待与机动车保险欺诈的博弈分析　　/76

第六节　本章小结　　/78

第四章　机动车保险欺诈的识别模型及实证分析　　/79

第一节　机动车保险欺诈识别的数据要求　　/79

一、机动车保险欺诈的识别因子　　/79

二、影响机动车保险欺诈因子的类别分析　　/81

三、影响机动车保险欺诈因子的特点分析　　/83

四、我国机动车保险欺诈识别中的数据及信息难点　　/85

第二节　机动车保险欺诈识别的数理工具　　/85

一、国际机动车保险欺诈识别模型综述　　/85

二、AAG 欺诈识别模型分析　　/86

三、PRIDIT 欺诈识别模型分析　　/88

四、EXPERT SYSTEM 欺诈识别模型分析　　/91

五、其他欺诈识别模型及评价　　/92

第三节　机动车保险欺诈的识别流程　　/95

一、我国机动车保险理赔流程中的欺诈识别　　/95

二、美国及加拿大机动车保险理赔及欺诈识别系统　　/96

三、举证责任与疑似机动车保险欺诈案件的处理　　/97

四、我国机动车保险欺诈识别流程的改进　　/98

第四节　我国机动车保险欺诈识别的实证分析　　/98

一、样本选择及分类　／99

二、描述性实证分析　／99

三、基于 Logistic 分布的二元选择模型实证结果及相关分析　／100

四、我国机动车保险欺诈识别结果与美国实证结果的比较　／103

第五节　机动车保险欺诈的识别效果分析　／104

一、判定机动车保险欺诈识别效果的标准　／104

二、我国机动车保险欺诈的识别效果　／105

三、国际机动车保险欺诈的识别效果　／106

四、机动车保险欺诈识别中面临的问题及关注的重点　／107

第六节　本章小结　／108

第五章　我国机动车保险欺诈经济后果分析　／110

第一节　经济后果之机动车投保方　／110

一、机动车保险欺诈被识别的经济后果　／111

二、机动车保险欺诈未被识别的经济后果　／112

三、投保方实施机动车保险欺诈临界值的博弈解析　／113

第二节　经济后果之机动车保险整体费率水平　／115

一、我国现行机动车保险费率制度评析　／115

二、机动车保险欺诈对整体费率水平影响的经济学分析　／117

三、投保方对机动车保险费率敏感度的分析　／119

第三节　经济后果之机动车维修厂　／121

一、维修厂参与机动车保险欺诈的路径　／121

二、维修厂参与欺诈得以实现的前提　／122

三、维修厂参与机动车保险欺诈的经济利益分析　／123

四、维修厂参与机动车保险欺诈的经济后果　／125

第四节　经济后果之财产保险公司　／126

一、财产保险市场主体结构与机动车保险欺诈相关性　／126

二、机动车保险欺诈对财产保险公司赔付率的影响　／127

三、机动车保险欺诈对财产保险公司利润率的影响　／128

四、机动车保险欺诈对财产保险公司经营的影响　／129

第五节 经济后果之机动车保险市场 / 131

一、有效的机动车保险市场分析 / 131

二、欺诈识别的外部性导致产险公司之间搭便车现象 / 132

三、欺诈导致商业性机动车保险市场"劣币驱逐良币" / 133

四、欺诈导致强制性机动车保险市场的价格失效 / 134

第六节 本章小结 / 135

第六章 我国机动车保险反欺诈措施及建议 / 137

第一节 我国现有机动车保险反欺诈措施及改进 / 137

一、宏观机动车保险欺诈防范措施及改进 / 137

二、行业性机动车保险欺诈防范措施及改进 / 139

三、财产保险公司内部机动车保险反欺诈措施及改进 / 141

第二节 国际机动车保险反欺诈措施及借鉴 / 144

一、设立专业机动车保险反欺诈机构 / 144

二、制定保险反欺诈法 / 146

三、反欺诈意识教育 / 147

四、保险公司系统化的反欺诈措施 / 148

五、解决信息不对称的行业内保险信息技术共享体系 / 148

第三节 我国机动车保险反欺诈中的关键点和难点 / 150

一、机动车保险反欺诈中的关键点 / 150

二、机动车保险反欺诈中的难点 / 152

第四节 本章小结 / 154

第七章 总 结 / 155

参考文献 / 158

后 记 / 165

第一章

引　言

　　保险欺诈是当今保险领域中一个重要的研究议题。它关系到我国保险公司的经营稳定、保险费率的变动及新险种的开发。本章首先就机动车保险和保险欺诈进行相关界定，并对保险欺诈研究的理论及现实意义进行阐述。而后，全面、多角度就国际国内相关研究文献进行评述，以便在后续章节的研究中有所借鉴。

第一节　研究背景及相关概念界定

一、本书研究背景及意义

1. 本书研究的背景

　　在国际保险研究中，保险欺诈（Insurance Fraud）是一个比较热门的研究议题，而在我国，保险欺诈已经呈现上升态势，可是对保险欺诈的相关研究还未深入，这主要与我国财产保险市场的特点息息相关：

　　第一，投保主体的性质。我国的保险业曾一度处于停办状态，直至1980年国内的保险业务才开始恢复。恢复初期，投保的企业主要是国有企业。在我国国有制没有大范围改制之前，投保的企业与承保的保险公司都属国有企业，这种共同所有权的性质使投保方和承保方的利益冲突比较平和，保险欺诈也就基本不存在。并且事实上保险公司并不作为独立的承保人，而是扮演出险时国家救险队的形象。

　　第二，承保业务的单一性。根据国际的经验，保险欺诈比较容易滋生的险种是机动车保险和医疗保险。根据 ABI（Association of British Insurance）统计数据，英国机动车保险中约有 10% – 20% 的欺诈性赔付。而我国的私人汽车数量近几年才迅速发展。保险欺诈更严重的医疗保险，至今在国内还处于初期发展阶段。

第三，保险市场结构。我国的保险市场主体经历单一保险公司（中国人民保险公司）——三驾马车（中国人民保险公司、平安保险公司、太平洋保险公司）——垄断竞争阶段（现今 60 多家保险公司）状态。在保险公司数量较少的情况下，保险欺诈方很难在多家保险公司同时实施欺诈，并且保险公司之间的信息也比较容易沟通。

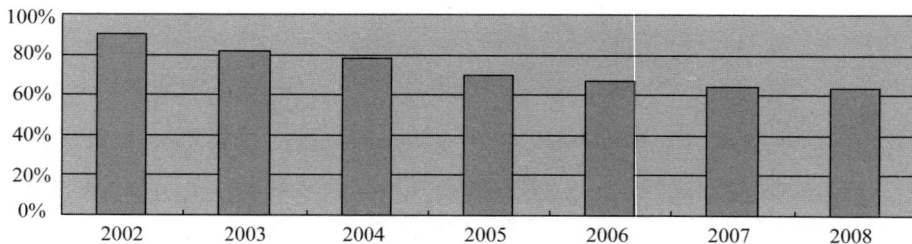

图 1 – 1 2002 年 – 2008 年我国三大财产保险公司的市场份额

（资料来源：中国保险年鉴，2002 年 – 2008 年）

但是随着我国保险业的快速发展，保险主体增加，保险市场结构发生改变，保险险种也逐步增加，保险欺诈呈现上升趋势。据北京保监局统计，北京机动车保险中约有 20% 属于欺诈，直接导致保险公司多支付 600 亿赔款。本书研究机动车保险欺诈有以下几方面背景因素：

（1）国内保险欺诈上升。现阶段财产保险中欺诈最严重的险种是机动车保险。由于机动车的型号、价值、维修费、第三方的碰撞责任在界定中千差万别，因此，投保方、维修方、碰撞中的受害方共同实施保险欺诈比较常见。机动车保险欺诈上升直接导致的后果是机动车保险费率的上升。近两年，机动车保险的赔付率已经达到 100% 以上，保险公司为了稳定经营，不得不提高费率，从而使保险欺诈的后果由其他投保人承受。

（2）保险欺诈使新险种的开发受阻。我国的商业医疗保险一直比较薄弱，虽然这是一块很大的蛋糕，但是国内的保险公司一直不愿积极开发。究其原因，医疗保险具有很强的道德风险，易滋生保险欺诈。根据国际的经验，以及医疗保险的特殊性，该险种的欺诈很难区分和识别。例如，投保人患心脏病，支付医疗费 5 万 – 8 万元之间，那么多大的比例是保险欺诈性索赔呢？不同的医院，不同的城市有不同的医疗费用标准，因此保险欺诈隐蔽而难以认定。

（3）保险欺诈导致保险经营的费用和成本上升。为了防范保险欺诈，保险公司需要组建专门的调查机构，例如，太平洋保险公司新建的独立保险调查人制度。这直接导致保险经营费用和理赔费用的上升。

（4）恶性保险欺诈扰乱正常社会秩序。保险欺诈在国内诈骗罪中所占的比例逐年上升，一方面严重影响保险公司的正常经营，另一方面也影响社会的经济秩序。

本书研究保险欺诈正是基于上述原因。保险欺诈从案件数量及欺诈额度均呈现上升趋势，同时保险欺诈的险种，欺诈的手段和路径也有新的变化。

2. 本书研究的意义

本书旨在分析我国保险欺诈的现状，寻找其理论根源，建立欺诈识别的模型，并寻求积极有效的对策。主要来说，有以下几方面意义：

第一，通过对国内外保险欺诈的系统分析，对目前保险欺诈的形势有所了解。随着社会的发展，新险种的开发，保险欺诈呈现出新的趋势。本书旨在通过对机动车保险欺诈的归纳分析，从而在其他险种，例如人寿保险、医疗保险、人身伤害保险上有所借鉴。

第二，寻找保险欺诈产生的各种动因。保险欺诈的产生往往与保险制度的设计、保险的相关立法、保险合约的完备程度、社会对诚信的理解度等各种因素密切相关。本书旨在寻求各种主要的欺诈动因，以便在保险欺诈的防范策略上设计有针对性的反欺诈方式。

第三，分析保险欺诈所带来的经济后果。在保险公司"以保费论英雄"的经营理念下，常常忽视保险欺诈的经济后果。本书通过对保险欺诈的直接和间接后果作定量的分析，以使保险理论界和保险实践者能充分认识欺诈的危害。

最后，在分析国外反欺诈措施的基础上，充分考虑我国的国情，建立适合我国现状的反欺诈体系。通过多层次的反欺诈体系构建，有利于保险公司管理自身的索赔风险，同时有利于保险市场整体的稳定和维持充足的偿付能力。

二、相关概念界定

1. 保险骗赔

保险骗赔是保险经营实务中常用的一个概念，是指被保险人或者受益人为了获得保险金，提供虚假单证，谎称保险事故的发生等。保险骗赔的实施主体是有权利获得保险金的被保险人或者受益人。保险骗赔并未规定额度，从原则上说，骗赔一元钱和骗赔十万元都属于保险骗赔。这是一个比较宽泛的概念，主要发生在保险索赔阶段。事实上，保险骗赔这个概念在保险研究中运用得比较少，因为它的界定比较狭隘，仅仅限制在索赔时被保险人和受益人的行为。而且，这只是一种性质描述，而没有具体的内容。

2. 保险欺诈

保险欺诈是一个保险理论研究中常用的术语。1992 年，在蒙特利尔大学召开的国际保险学术会议上，对保险欺诈进行了这样的定义："保险欺诈是一个故意利用保险合约谋取利益的行动，这一行动基于被保险方的不正当的目的。"我国的全国保险业标准化技术委员会对保险欺诈界定如下："投保人、被保险人或受益人故意虚构保险标的，在没有发生保险事故的情况下谎称发生了保险事故，或者故意制造保险事故，或者在保险事故发生后以伪造、编造的有关证明、资料和其他证据来编造虚假的事故原因，或者夸大损失程度，向保险人提出索赔或给付请求的行为。"① 通俗地说，保险欺诈是指投保人、被保险人或受益人以骗取保险金为目的，以虚构保险标的、编造保险事故或夸大损失程度、故意制造保险事故等手段，致使保险人陷于错误认识而向其支付保险金的行为。在这个概念界定中有两点需要注意：

（1）保险欺诈的实施主体是投保方，包括投保人、被保险人和受益人，除了投保方的单独欺诈，也包含投保方串谋保险公司工作人员欺诈、及投保方串谋维修厂共同欺诈的情况，剔除保险公司及代理人单独欺诈投保方的情况。

（2）从额度上看，保险欺诈没有限额，与下面的保险诈骗有所区别。

关于保险欺诈有多种分类方式。从实施保险欺诈的主体来说，有投保人、被保险人、受益人方面的欺诈；从保险欺诈的险种来说，有财产保险欺诈、人寿保险欺诈、健康保险欺诈等。保险欺诈较为严重的险种是：医疗及健康保险，机动车及第三者责任保险。

表 1 – 1 保险欺诈的分类

保险欺诈的分类	根据欺诈性质分类	保险硬欺诈
		保险软欺诈
	根据保险欺诈主体分类	投保人欺诈
		被保险人欺诈
		受益人欺诈
	根据险种分类	人寿保险欺诈
		健康保险欺诈
		财产保险欺诈

---

① 全国保险业标准化技术委员会制定. 保险术语 [S]. 北京：中国财政经济出版社，2007：106.

　　根据性质可以将保险欺诈分为"硬"保险欺诈和"软"保险欺诈两种①。"硬"保险欺诈是指欺诈者在保单承保的范围之内，故意地编造或制造一起保险事故，如伤害、盗窃、纵火或其他种类的损失。"软"保险欺诈，有时称之为机会欺诈，是指保单持有人或索赔人夸大合法的索赔。例如，当投保人投保时，向保险人提供虚假的信息，以利于他们的要求。有的投保人少报汽车运行的公里数，误报汽车有车库，以便享受较低的费率。当投保健康保险时，没有提供准确的医疗史。当雇主为雇员投保时，伪造雇员人数、劳工补偿保险的工人工作的特征等。将保险欺诈区分为硬欺诈和软欺诈，具有以下两方面意义：

　　第一，性质不同。硬欺诈从本质上说，属于违法行为，违反了保险法和刑法，属于性质恶劣的保险欺诈行为；而保险软欺诈只是违反保险合同中的最大诚信原则，一般还不构成违反刑法。

　　第二，处理方式不同。对于硬欺诈，一旦识别，将诉诸保险法和刑法的惩罚，而软欺诈一旦被识别，保险公司一般采取拒赔、取消或解除保险合同等方式作为惩罚。并且，杜绝软欺诈，主要在于对被保险人进行保险最大诚信意识的教育。

　　3. 保险诈骗

　　保险诈骗是法律上常用的术语。为了遏制保险诈骗的上升，为司法机关惩治提供有力武器，也为配合《中华人民共和国保险法》的实施，全国人大常委会出台了《关于惩治破坏金融秩序犯罪的决定》，在该决定中增设了保险诈骗罪，1997 年修订刑法时将其收入新刑法，从而为防范和惩治保险诈骗活动提供了切实的法律依据。

　　《刑法》第一百九十八条规定："有下列情形之一，进行保险诈骗活动，数额较大的，处五年以下有期徒刑或者拘役，并处一万元以上十万元以下罚金；数额巨大或者有其他严重情节的，处五年以上十年以下有期徒刑，并处二万元以上二十万元以下罚金；数额特别巨大或者有其他特别严重情节的，处十年以上有期徒刑，并处二万元以上二十万元以下罚金或者没收财产：（1）投保人故意虚构保险标的，骗取保险金的；（2）投保人、被保险人或者受益人对发生的保险事故编造虚假的原因或者夸大损失的程度，骗取保险金的；（3）投保人、被保险人或者受益人编造未曾发生的保险事故，骗取保险金的；（4）投保人、被保险人故意造成财产损失的保险事故，骗取保险金的；（5）投保人、受益

---

　　① Richard A Derrig, insurance fraud, the journal of risk and insurance, 2002, Vol. 69, No3, 271 – 287.

人故意造成被保险人死亡、伤残或者疾病，骗取保险金的。有前款第四项、第五项所列行为，同时构成其他犯罪的，依照数罪并罚的规定处罚。"

保险诈骗与保险欺诈及一般的经济诈骗相比具有如下特征：

（1）保险诈骗的犯罪主体是投保方。保险诈骗包括投保人、被保险人和受益人实施的行为，也包括保险公司业务人员参与的诈骗，以及医疗服务机构、车辆维修机构等第三方串谋诈骗。

（2）保险诈骗一般数额较大。随着经济的发展，人们抗风险的需求上升，保险金额逐步上升。财产保险中由于标的物价值的增大，保险金额也增加。由此产生的保险诈骗往往金额巨大。

（3）保险诈骗性质恶劣。随着科技的发展，保险诈骗的手段层出不穷，有些性质恶劣，已经严重触犯刑法。例如，投保人为了巨额赔付，故意制造保险事故；受益人为获得保险金，蓄意伤害被保险人等，这些保险诈骗行为严重扰乱社会稳定。

（4）保险诈骗的犯罪黑数较高。犯罪黑数（Dark Figure of Crime）又称犯罪隐数或犯罪暗数，是指一个国家或地区一定时期（通常为一年）内，社会上已经发生，但尚未被司法机关获知或没有被纳入官方犯罪统计的刑事犯罪案件的数量，是对潜伏犯罪总量的估计值。在所有诈骗行为中，保险诈骗的犯罪黑数是最高的。究其原因，除了本身具有极强的隐蔽性，在短时间内难以受到司法机关的追究外，还因为其识别的成本较高，而同时社会公众对其容忍度较其他犯罪行为高。

在保险研究中广泛使用的是保险欺诈和保险诈骗。二者的界定对本书研究的展开有重要意义。保险欺诈和保险诈骗这两个概念既有联系，又有区别。二者在法律上是完全不同的两个概念。保险欺诈指的是民事合同上的行为，而保险诈骗则不仅违反保险合同，还触犯刑法。

表 1－2　保险欺诈相关概念比较

项目	数额	主体	实施阶段	性质
保险骗赔	无限制	被保险人或受益人	索赔阶段	违反保险合约
保险欺诈	无限制	投保人、被保险人、受益人	全过程	违反保险合约
保险诈骗	一万元以上	投保人、被保险人、受益人	全过程	违反保险合约、违反刑法

从关联上来说，保险诈骗是保险欺诈的一种，从属于保险欺诈。但是由于其性质严重，已构成违法。我国刑法第一百九十八条规定，保险欺诈数额较大，达到一万元以上的，构成保险诈骗罪。

通过上述分析，将三个相近的概念：保险骗赔，保险欺诈，保险诈骗作了相关界定。

4. 机动车及机动车保险的界定

国家为了加强对机动车的管理，将机动车分为如下几类①：

（1）大型汽车，指载重量在 2 吨及 2 吨以上的各种汽车。

（2）小型汽车，指载重量在 2 吨以下的各种汽车。

（3）两轮机动车，它包括机器脚踏车及其他安装机器行使的两轮车。

（4）三轮机动车，它包括三轮汽车、侧三轮机器脚踏车，后三轮机器脚踏车及其他安装机器行使的三轮车。

（5）拖拉机，包括轮式拖拉机与履带式拖拉机。

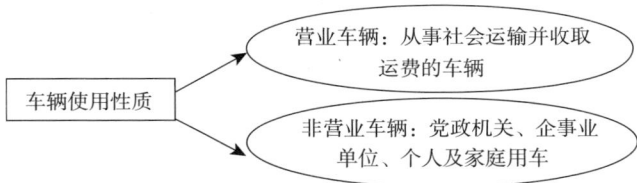

图 1 - 2　我国机动车使用性质分类

根据使用性质的不同，可以将机动车分为营业车辆和非营业车辆。营业车辆是指从事社会运输并收取运费的车辆。营业车辆根据用途不同又可细分为 I 类车辆、II 类车辆。6 座以下客车的 I 类是指具有国家有关部门核发的营运证的出租汽车。II 类是指除 I 类外的具有营业性的其他车辆。20 座及 20 座以上客车的 I 类是指属于 A 类车辆，并主要在国道、省道、高级公路行驶和使用性质为营业性的客车。II 类指除 I 类外的使用性质为营业性的客车。

其中，A 类车辆是指整车进口的一切机动车辆；主要零配件由国外进口，国内组装的套牌车辆；合资企业生产的 16 座以上（含 16 座）的客车；外资、合资企业生产的摩托车以及北京切诺基 V6、广州本田、上海别克、上海帕萨特、湖北雷诺、长春奥迪系列、天津丰田及其他合资企业生产的国产化率低于

---

① 本书编写组. 机动车交通事故责任强制保险条例解读与案例指引 ［M］. 北京：法制出版社，2006：1.

70% 的机动车辆。

B 类车辆是指除 A 类车辆以外的机动车辆。

本书研究中的机动车即是上述概念所包含的标的。同时，按照全国保险业标准化技术委员会制定的保险术语①，本书研究的机动车保险是指：以机动车本身及其造成的赔偿责任为保险标的的运输工具保险。

5. 本书研究的对象及范围

本书研究主要限于保险欺诈，涵括保险诈骗，但是不仅仅分析和识别一万元以上构成保险诈骗罪的保险欺诈行为，而是涵括投保—承保—理赔过程中涉及到的所有欺诈行为。另外，为了细化研究，以下分析中，主要针对机动车保险软欺诈和硬欺诈分类进行分析。

另外，还需要澄清的概念是"机动车保险"、"机动车辆保险"及"汽车保险"。过去，我国保险学术界对于专业术语没有形成统一的界定，在国内保险相关的教材中，大多数学者都采用"机动车辆保险"② 这个术语，也有采用"汽车保险"③ 这个术语的。2007 年初，我国的全国保险业标准化技术委员会制定了"保险术语"，将其规范地统一称作"机动车保险"，本书的研究中，也将采用这个术语。并且，为了研究方便，文中的投保方是对投保人、被保险人和受益人的总称。

第二节　相关研究综述

一、国际保险欺诈研究综述

1. 国际保险欺诈的研究特点

国际对保险欺诈的研究较为成熟，归纳起来有以下两方面特点：

第一，在实证研究方面，注重对保险欺诈的识别（Insurance Fraud Detection）研究。具体地说就是采用回归及其他统计、计量的方法，找出保险欺诈的识别因子，并将这些因子按照识别的贡献赋予不同的权重，代入一定的识别

---

① 全国保险业标准化技术委员会制定. 保险术语［S］. 北京：中国财政经济出版社，2007：26 - 27.

② 许谨良. 财产保险原理和实务［M］. 上海：上海财经大学出版社，1998：227.

徐文虎. 中国保险市场转型研究［M］. 上海：上海社会科学院出版社，2005：52.

应世昌. 新编财产保险学［M］. 上海：同济大学出版社，2005：172.

③ 植村信保著，陈伊维、谭颖译. 日本财产保险业的变化及对策［M］. 北京：机械工业出版社，2005：120.

模型中，进行具体险种的欺诈识别分析，以便协助保险人在众多的保险索赔中将疑似保险欺诈案件剔除出来。例如，Artis 和 Guillen（1999）① 对西班牙机动车保险的欺诈行为进行识别。又如，Bachir 和 Georges（1997）② 利用专家系统（Expert System）对加拿大的保险欺诈进行识别；Caudill（2005）应用 LOGIT 模型对美国机动车保险欺诈的识别。诚然，这种识别并不能达到完全识别的效果，但是，它有助于保险公司在面临疑似索赔案件的时候，作为判定的工具。同时，不同的识别模型，识别的效果不同，要考虑险种的特殊性以作出修正。

第二，在理论研究方面，对保险欺诈的成因主要集中于信息不对称和道德风险方面的研究。例如，Caudill 和 Ayuso（2005）③，提出信息是保险欺诈的关键，侧重于从信息的角度对保险欺诈进行分析。保险欺诈的产生是由于保险人对被保险人及保险事故的信息不完全，由此在保险理赔的时候，被保险人及受益人夸大或制造保险事故就难以鉴别。也有从合约的角度进行研究的，并基于保险合约的不完全而提出最优化的保险合约设计。Schiller（2006），Moreno，Francisca 和 Watt（2006）则认为，信息是可还原的，可通过特定模型重构出险的现场信息，剔除受投保方操纵的信号（signal）。诚然，Schiller 的证明仅仅只是理论上的突破，但不论如何，对信息的精炼始终是贯穿保险反欺诈的一项重要因素。

2. 国际保险欺诈的研究视角及相关研究成果

事实上对保险欺诈的研究可以有多个不同的视角。保险欺诈作为一种社会现象，其根源有投保人、被保险人和受益人的微观因素；也有市场结构、行业特点的中观因素，并且不同制度背景，所处的不同经济周期和阶段也会对保险欺诈产生影响。

（1）法律视角。各国对保险欺诈都有相关的法律规定，但是严格程度不同。我国在《保险法》和《刑法》当中简单作了陈述，并且这种规定仅限于严重的保险欺诈，即手段恶劣，欺诈金额较高，上升到保险诈骗的欺诈行为。而且我国保险监管机构中，目前还没有形成独立的反欺诈部门。

---

① Artis & Guillen, 2002, Detection of auto insurance fraud with decrete choice models and misclassified claims, journal of risk and insurance, 69（3）：325 – 340.

② Bachir & Georges, 2002, "insurance fraud estimation: more evidence from the Quebec auto insurance industry", assurance, No64, January, 567 – 579.

③ Steven Caudill & Merceds Ayuso, "fraud detection using a multinomial Logit model with missing information", the jounal of risk and insurance, 2005, Vol72, No. 4, 539 – 550.

表 1 - 3 各国对保险欺诈进行市场调查的机构

国家	机构
美国	Insurance research council
加拿大	Insurance bureau of Canada
澳大利亚	Insurance council of Australia
西班牙	Auto insurance market

表 1 - 4 国际保险欺诈的防范及合作组织

组织名称	成立时间
International association of insurance fraud agencies	1986
Coalition against insurance fraud in the united stated	1993
Comite European des assurances for the European Union	1993
Canadian coalition against insurance fraud	1994

（资料来源：the Journal of Risk and Insurance，2005 - 2006）

美国，有专门的保险欺诈法（Insurance Fraud Act），同时成立专门的保险反欺诈机构。而英国，ABI 每年定期发布关于保险欺诈的现状报告。法律和相关的反欺诈机构是防范保险欺诈中最重要的制度保障。

（2）心理学视角。近年来，保险研究越来越重视心理层面的分析。保险经营的是"不确定性"，而这种"不确定性"来自于人们工作、生活中的各个方面，对"不确定性"的心理担忧是诉诸保险的深层原因，并将影响投保人的保险行为。英国 ABI 在这方面的专门调查和研究较丰富，其调查结果显示：一方面人们对不诚实行为的容忍度增大。适当的夸大保险索赔被认为是理所当然的事情，这种容忍度的放大，导致机会主义的保险软欺诈上升。在美国，调查显示有 25% 的人认为欺诈是保险公司可以接受的。[①] 另一方面是投机心理使然，在法律和保险合约之间寻找间隙的投机心理。例如，很多国家都规定欺诈保险金数额达到一定数额以上的，认定为保险诈骗罪。那么在保险合约和刑法之间还有一些灰色空间。对于那种属于保险欺诈，却不属于保险诈骗罪的行为，被很多人所默认。据 ABI（Association of British Insurance）调查显示，在

---

① Patrivk brokett and Richard Derrig, Fraud classification using principal component analysis of Ridits, The jounal of risk and insurance, 2002, Vol. 69, No. 3, 342.

英国，40%的人认为适当地夸大保险索赔是可以接受的。

表1-5　保险欺诈的研究视角及典型例子

	研究视角	例　子
保险欺诈	法律	美国的保险欺诈局（insurance fraud bureaud）
	心理学	ABI（2003）的诚实指数调查
	统计学	Caudill（2005）保险欺诈的 Logit 模型
	信息经济学	信息不对称的研究，如 Borch（1999），Schiller（2006）等对保险道德风险的研究
	宏观分析	主要分析宏观经济状况对欺诈的影响。如，ABI 保险欺诈与经济增长的关系

（资料来源：the Journal of Risk and Insurance，2007）

（3）实证分析视角。这种分析着重于解决"保险欺诈从定量的角度来看，到了什么程度，造成多大损失"。对于保险欺诈这种现象，国际上实证分析中较多采用统计中的因子分析，回归分析，Logit 模型，Probit 模型分析。这些分析的核心在于试图找出影响保险欺诈的可以量化的指标，并通过建立的模型来检验保险市场中现有的保险欺诈状况。主要有：Canadian coalition against insurance fraud（1997）采用 red flags 识别保险欺诈；Picard（2003）研究用 optimal audit strategy 识别保险欺诈；Caudill（2005）建立了保险欺诈的 Logit 模型，这些在当今国际保险欺诈的识别中都发挥重要作用。这些模型得以有效地发挥作用，其前提在于一国的保险市场有比较完备的保险投保、理赔数据。目前，对于我国的保险欺诈研究，数据的缺失是最大的障碍。

表1-6　国际保险欺诈研究中的工具及代表文献

项目	策　略	作者及时间
1	保险合约的设计与理赔审计	Bond 和 Crocker，Watt（2000），Moreno（2006）
2	数据库构建与筛选	Major 和 Riedinger（2002）
3	模糊聚类方法	Derrig 和 Ostaszewski（1995）
4	简单回归评分模型	Weisberg 和 Derrig（1998）
5	Probit 模型	Belhadji 和 Dionne（1997，2000）

（资料来源：the Journal of Risk and Insurance，2002-2007）

（4）信息经济学视角。这是最早的研究方向。从 Arrow（1971）的《风险分担理论文集》开始，保险欺诈始于投保人和保险人的信息不对称被广泛研究，博尔奇在其《保险经济学》① 一书中，也着重分析了道德风险引致的保险欺诈。Arrow 的研究主要侧重于保险合约的不完备性和执行的不可完全监督性导致的保险欺诈，因此认为，对保险合约进行改进，使其具有更强的激励约束机制是解决的根本之道。而 Borch 侧重投保人的偏好与保险人的偏好差异，导致为了追求各自目标效用函数的最大，而背离保险合约的行为。从二者的差异来看，Arrow 将解决的路径诉诸合约的完善，或者改进；而 Borch 诉诸于对投保人和被保险人的偏好引导，并且加大保险欺诈被识别的惩罚，以改变被保险人的收益结构，约束保险欺诈行为。而 Moreno，Francisca 和 Watt（2006）在其共同的研究中发现，配合理赔审计情况下的激励 – 约束机制对于抑制保险欺诈并非总是有效，它要求保险合约是可续保的，以便符合反复多次的博弈条件，将探讨的激励 – 约束的有效性进行跨时期的界定，同时要求动态地观测投保方的信息。

（5）宏观因素分析。保险承保的是"不确定性"风险，而这种风险的增大或减少与社会环境密切相关，例如，失业的上升、自然灾害的频繁发生、交通事故的增多，法律的废除或建立等，这些因素都会影响人们的保险行为。事实上，不同的制度背景下，保险欺诈的实施和程度有很大区别。例如，20 世纪 30 年代经济危机期间，保险欺诈比其他时候严重。在我国，80 – 90 年代保险欺诈较少，而 2000 年以后保险欺诈大幅度上升，这是由于经济波动中，人们面临的风险程度上升。目前除了英国 ABI 之外，对保险欺诈的周期性研究基本没有，而我国也没有从制度变迁的背景中寻求保险欺诈的动因。

二、国内保险欺诈研究综述

国内对保险欺诈研究起步较晚。90 年代初，我国的保险欺诈并不严重，这主要得益于当时的市场结构：首先，当时保险公司数量较少，被保险人难以跨公司进行连锁欺诈。其次，当时保险金额也较低，保险欺诈的数额也较小。但是近几年保险欺诈数量快速上扬，对保险欺诈的研究仍然鲜见。究其原因：第一，保险公司之间各自为政，为了公司声誉，对保险欺诈的披露较少，也没有专门机构统计欺诈数据，这给保险欺诈的研究带来难度。第二，我国保险研

① 博尔奇［挪威］. 保险经济学［M］. 北京：商务印书馆，1999：222 – 228.

究的宏观性。我国的保险研究注重宏观方向，对于微观问题的研究较少。保险欺诈作为保险经营中的一种现象，更多地被认为是保险公司自身的事情，并不深刻地从行业及全社会严重性的角度加以探讨。

国内为数不多的保险欺诈研究主要有以下四方面特征：

（1）研究议题集中在保险欺诈的特征分析。例如，庄洪胜（1999）、卫新江（2007、2008）对保险欺诈的特征和对策的分析；宋军（2005）对我国机动车保险中的欺诈特征进行分析。并据此提出，加强我国保险欺诈的防范，及保险公司完善自身的承保和核赔的流程，从制度上建立保险欺诈的防范体系。而国际上，较多地集中于保险欺诈的识别分析，我国目前鉴于保险理赔数据还由各家保险公司自己掌握，并没有形成统一的信息统计机构，因此，识别的数据获得的成本太高。

（2）研究工具单一，鲜有实证分析。由于数据来源的困难，同时也由于我国保险研究技术的滞后，国内对保险欺诈的研究以定性研究为多，定量研究鲜有。数据来源的困难有三方面原因：一是我国1998年建立保险监督管理委员会，之前没有专门的保险数据统计机构，所以，纵向的数据获取较为困难；二是我国的财产保险和人寿保险经历混业经营到分业经营，早期数据中产寿险的理赔数据难以区别，而据此再提炼出机动车保险的专门数据更是不易；三是随着财产保险市场主体的增加，保险公司为了争夺市场份额，经营的重心还停留在扩大保费，对保险欺诈往往并不深究，识别出保险欺诈也仅仅是取消保险合同，拒绝赔付，较少诉诸法律程序。

（3）研究视角较少，集中于法律方面的探讨。目前国内对于保险欺诈，主要是研究其中的保险诈骗。例如，李记华（2003）研究保险诈骗的特征及对策。万里虹（1997）对人身保险欺诈的归纳分析。事实上，当保险欺诈已经产生并数额较大归属保险诈骗罪的时候，其分析已经是事后的、进入司法程序的问题了。而且，不论是从发生的频率，涉及到的被保险人数量等方面来看，保险欺诈显然比保险诈骗更为广泛，造成更大的危害。但是，我国目前保险法律中，还未形成对保险欺诈的清晰界定，能够进入法律审核的还仅仅只是保险诈骗。

（4）就险种来说，我国保险欺诈的研究基本集中于人身保险，也有一些对机动车保险的研究。我国财产保险中60%以上的业务是机动车保险，险种结构的失调，导致赔付支出的失调。目前，对于财产保险而言，加大对机动车保险的研究是必须的；而人身保险中最易产生保险欺诈的险种是健康保险，我国目前此方面业务量较少。诚然，最终的研究，不论是方法、工具、视角都是可以在各种险种之间加以借鉴的。

三、对保险欺诈不同研究方法的比较分析

通过上述的分析，对比我国保险欺诈研究与国际保险欺诈研究之间的异同：

（1）研究险种不同。国际上，保险欺诈研究最常见的是医疗保险和机动车保险。尤其是涉及医疗费用的保险，由于不同种类的疾病医疗费用支出不同，医疗保险中的欺诈有大额的，也有小额的，并且，往往涉及到医院或者医生第三方，保险人的可监督性较弱，串谋欺诈的可能性较高。其次是机动车保险，不同机动车型号，不同配件，碰撞损伤程度的鉴定不同，都容易滋生欺诈。而我国现阶段对保险欺诈的研究还主要集中在人寿保险和一些机动车保险，商业医疗保险近几年有了一定发展，但是研究较少。事实上，不同险种之间投保条件、投保人有所不同，保险欺诈的识别因子既有公因子，也有各自独有的因素。

（2）研究范围不同。国际保险欺诈研究主要根据险种不同，建立不同的保险欺诈识别模型，并在此基础上，建立电子化的识别系统，每一份索赔输入电子系统以后，没有疑点的索赔就迅速赔付，有疑点的赔付交给 SIU（Special Investigation Unit）进行深入检查。也即，建立险种的识别因子，并因此寻找反欺诈策略。我国的保险欺诈主要在成因方面作定性的解说，没有能由此找到防范的可操作的对策。

（3）数据上的区别。我国保险市场的起步较晚，数据的收集、整理、发布都还不完善，现在的统计信息中，分险种的信息较少，同时保险公司之间的信息沟通也不完全，导致同一投保人就同一车辆在好几家保险公司投保相同险种，同时对几家保险公司先后进行欺诈。现在，北京、上海、天津建立了机动车保险信息平台，但是，平台信息不全面。另一方面，缺少除监管机构、保险经营机构之外独立的第三方保险信息统计机构，例如美国的 ISO（insurance service office）和英国的 ABI（Association of British insurance）。

（4）研究工具上的区别。国际上研究保险欺诈，采用实证分析较多，也有一部分理论分析。实证分析中，各险种保险欺诈影响因子的回归分析较常见。理论分析中主要是集中于保险合约的完备性、信息不对称引致的道德风险等。诚然，不同的研究工具得出的结论会有些许区别，例如，同样是对保险欺诈的理赔审计工具分析，但是其有效性的大小在 Schiller（2006）和 Moreno

（2006）的分析中却有不同。

表1-7　国内外保险欺诈研究比较

项目	国际	国内
险种	机动车保险、医疗保险、寿险、火灾保险	集中于机动车保险
范围	欺诈识别、防范	欺诈特征、对策
数据	有专门数据发布机构，例如美国的 ISO，英国的 ABI	没有专门数据
工具	定量分析	定性分析

　　我国的保险欺诈研究比较系统的有万里虹（1999）对人身保险欺诈现象的归纳，以及对近几年人身保险欺诈趋势、手段演变的分析。另有庄洪胜（1999）对保险欺诈案例的研究分析，主要从法学的视角进行研究。本书将借鉴上述国际、国内保险欺诈中相关研究经验。

第三节　本书的框架结构

　　本书对机动车保险欺诈的研究主要从两方面展开：一方面是理论研究，这部分主要侧重分析保险欺诈的成因；另一方面是实证分析，通过实地调研获得的机动车保险索赔经验数据对欺诈识别进行实证分析，同时探讨我国机动车保险欺诈的经济后果。

　　第一，从理论角度分析保险欺诈的成因。研究我国的机动车保险欺诈不得不结合我国特殊的保险制度变迁及目前宏观经济环境下保险欺诈的特征、成因等。多数学者认为，保险欺诈从根本上说，是基于保险合约下信息不对称产生的道德风险。本书在信息不对称基础上，结合保险合约的不完全性，分析投保人和被保险人如何利用保险合约中条款的不完全进行欺诈。另外，以经济学中的偏好理论为视角，分析风险规避型的被保险人投保前后的风险偏好变化，以及这种偏好的转变对被保险人进行保险欺诈的影响。

　　第二，从实证分析的角度探讨我国机动车保险欺诈的识别。综观文献，机动车保险欺诈的实证主要集中在两方面：一是机动车保险欺诈的识别，二是机动车保险欺诈经济后果的实证分析。由于受我国目前机动车保险索赔数据限制，识别还不能完全量化，但是本书将结合我国非寿险市场的特殊情况，通过对到保险公司调研获得的经验数据进行欺诈识别的实证检验，同时将国外的相关研究进行比对分析，以此检验各种影响机动车保险欺诈的变量；同时对欺诈识别指标进行归类和赋予不同的权重，以便在保险经营的实践中能对这些变量进行分析，指导保险公司和监管机构进行反欺诈工作。

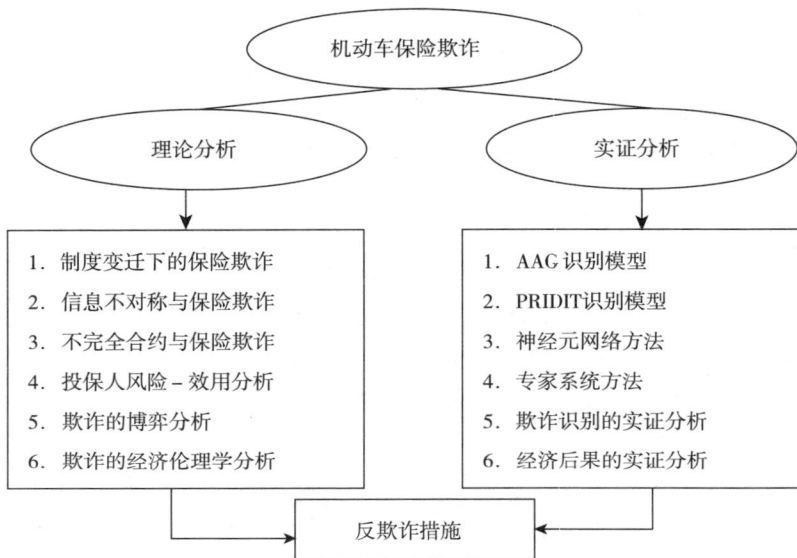

```
                    ┌─────────────────┐
                    │   机动车保险欺诈   │
                    └─────────────────┘
              ┌───────────┴───────────┐
         ┌─────────┐             ┌─────────┐
         │ 理论分析 │             │ 实证分析 │
         └─────────┘             └─────────┘
              │                       │
  ┌───────────────────────┐  ┌───────────────────────┐
  │ 1. 制度变迁下的保险欺诈 │  │ 1. AAG 识别模型         │
  │ 2. 信息不对称与保险欺诈 │  │ 2. PRIDIT识别模型       │
  │ 3. 不完全合约与保险欺诈 │  │ 3. 神经元网络方法       │
  │ 4. 投保人风险 - 效用分析 │  │ 4. 专家系统方法         │
  │ 5. 欺诈的博弈分析       │  │ 5. 欺诈识别的实证分析   │
  │ 6. 欺诈的经济伦理学分析 │  │ 6. 经济后果的实证分析   │
  └───────────────────────┘  └───────────────────────┘
              │        ┌─────────────┐        │
              └───────▶│  反欺诈措施  │◀───────┘
                       └─────────────┘
```

图 1 - 3　本书的研究架构

第三，在所有上述分析的基础之上，寻求我国机动车保险反欺诈措施，并加以归纳分析，将其推广到其他险种，使其具有更广泛的应用。

第四节　本书研究拟解决的问题和研究目标

一、本书研究拟解决的问题

本书通过对机动车保险欺诈的研究，拟解决以下五方面问题：

1. 了解我国目前的保险欺诈现状

保险欺诈是困扰我国保险理论界和实务界的一个重要问题，从保险经营实践上看，保险欺诈严重影响了保险公司的正常运作，影响保险费率和保险公司的经营绩效；从理论上看，我国尚未对保险欺诈成因及识别进行深入研究。本书通过系统地研究，对我国保险欺诈的现状作梳理，以对我国保险欺诈的研究作借鉴；同时，通过机动车保险欺诈的研究，建立一定的方向和方法，对未来其他险种的欺诈研究作抛砖引玉。

2. 分析我国机动车保险欺诈特性及欺诈识别的指标构建

机动车保险是我国财产保险中最重要的险种，机动车保险的经营状况直接影响到财产保险公司整体的经营效益。目前，机动车保险是我国保险欺诈的重灾区。本书通过对机动车保险欺诈的特征进行研究，结合我国现实状况分析机动车保险欺诈实施的时间及空间特点，同时根据到保险公司实地调研获得的经验数据，对我国目前机动车保险欺诈的识别指标进行实证分析。

3. 分析我国机动车保险欺诈的理论成因并拓展到其他险种

导致保险欺诈的原因众多。过去，我国一直将保险欺诈简单归结为被保险人为了获取不当得利而实施的行为。实际上，保险欺诈的形成，既有投保人、被保险人和受益人方面的原因，还有保险合约不完全性造成的原因，也有心理动因、被保险人的偏好变化等多方面的因素。通过对这些因素的分析，了解造成不同类型保险欺诈的成因，从而寻找解决保险欺诈的多重策略。同时，这些原因的理论分析具有一定的适用性，可拓展到其他险种的相关研究中。

4. 从不同的视角定量分析我国机动车保险欺诈的经济后果

机动车保险欺诈的直接经济后果是引起机动车保险费率的上升，而这种费率的上升，将机动车保险欺诈的成本从欺诈的实施者转嫁到所有机动车保险的投保人身上。根据经济学中"劣币驱逐良币"的原理，这些经济后果最终扰乱保险的正常经营，使诚实投保人退出保险市场。对经济后果的分析是为了理清保险欺诈带来的不同层次的影响，从而提高对保险欺诈的警惕，以及理解提高保险意识的重要性。另外，机动车保险欺诈的经济后果对于其他险种欺诈的经济后果分析也具有借鉴作用。

5. 提出我国保险反欺诈的措施及建议

鉴于保险欺诈的严重性，应当对此作出防范。对保险欺诈的防范需要多方共同合作，在借鉴美国、日本、加拿大、英国等的先进经验的基础上，综合性地考虑我国保险经营特有的因素，建立一体化的反欺诈策略：首先是保险公司的欺诈识别和防范措施，这是最基本最重要的一项环节；其次，对投保人、被保险人和受益人的保险教育，在全社会树立诚信投保、诚信索赔的保险意识；最后，从保险合同，保险法等其他外在的制度环境方面共同防范保险欺诈。

二、本书的研究目标

本书通过分析我国保险欺诈，尤其是机动车保险欺诈的现状，了解欺诈产生的成因，同时借鉴国外的欺诈识别方法，建立我国机动车保险欺诈识别指标，最后通过对机动车保险欺诈经济后果的研究，构建我国保险欺诈防范体系。通过整个过程的分析，要实现以下两方面的目标：

現状 ⇒ 成因 ⇒ 识别 ⇒ 经济后果 ⇒ 防范

图1-4　本书研究的逻辑结构

1. 对我国机动车保险欺诈作系统的、定量的研究

虽然有对我国保险欺诈作研究的文献，但是并不系统，而且没有从多角度去探讨我国的保险欺诈问题。本书的研究，以机动车保险欺诈为例，研究我国保险欺诈的整体状况，从欺诈的现状、成因、识别、经济后果到欺诈的防范，通过整体的研究，能够发现当前阶段我国保险欺诈中存在的主要问题，并寻求有效的解决路径。

2. 通过机动车保险欺诈的研究拓展到其他险种

机动车保险是我国目前发展得最快的险种，也是财产保险中最重要的险种。通过对机动车保险欺诈的研究，其研究的工具和方法、视角等，可以借鉴到其他险种中，尤其是那些在险种的研究中具有共性的地方。例如，保险欺诈的成因，保险欺诈的识别方法，保险欺诈的防范策略等，都可以为其他险种所借鉴。总之，机动车保险欺诈的研究只是一个引子，由此归纳出来的方法和结论，在未来其他险种的欺诈及金融欺诈的研究工作中可以作为参考。

第五节　本书的创新之处

保险是一门实践性比较强的专业，对于保险欺诈的研究，既需要来自理论的研究，也需要来自实证的分析。本书的主旨在于，通过对机动车保险欺诈的全面分析，归纳、总结出适合其他险种的欺诈研究方法和防范措施。

本书是对我国机动车保险欺诈的系统研究，着重研究机动车保险欺诈的成因，并对其进行识别，最后据此提出相关的保险反欺诈策略，在研究过程中，主要做到以下几方面的创新：

1. 完善保险欺诈成因的理论基石

过去，我国对保险欺诈的研究较多地从被保险人不诚信的角度进行分析，而往往忽略了保险人和投保方之间的互动关系。本书通过博弈分析指出，保险人的不诚信，在多大的程度上引致被保险人的不诚信。在国际上，对保险欺诈的成因分析集中在信息不对称和保险合约的不完备。本书对此进行了拓展，细化地分析了机动车强制保险和商业保险导致的保险欺诈的不同内在机理。相对于已有的相关研究来说，本书在理论上的一个贡献在于通过一些理论推导证明，保险欺诈不仅仅来源于合约和信息不对称，它与被保险人、保险人的行为，与险种中的偏好改变息息相关。

2. 区别分析强制险保险欺诈和商业险保险欺诈的不同内在动因及防范策略

在现有的保险欺诈研究中，并没有区别考虑强制险和商业险在欺诈上的不同。实际上，本书通过风险－效用视角的分析，可以明显地看到，强制险和商业险面对的投保人或被保险人具有不同的风险偏好，在这种差异化的风险效用下，缴纳的保费会扭曲效用曲线。为了补偿损失的效用，将产生一种补偿性的欺诈。这种欺诈在防范上，侧重的不是事前的预防，也不是事后的惩罚，更多的在于承保过程中对条款的解释，保险合约中的激励机制设计，及保险服务的提升等，以补偿投保人扭曲的效用。

3. 分析激励性保险条款中潜在的欺诈"触发"机理，并由此分析保险合约中传统条款引致的欺诈

过去，"免赔额""无赔款优待"一直是机动车保险中用来鼓励驾驶员谨慎驾驶的一种"激励"性条款，甚至在以往的保险研究中也被视为一种反欺诈策略。本书通过博弈中触发策略（Trigger Strategy）分析发现，在超过一定临界状态以后，这种激励机制已经变成导致欺诈的合约因素。所以，机械性地推崇合约激励是不正确的，甚至这种合约激励最终会导致保险的软欺诈。

4. 量化分析我国机动车保险欺诈对费率的影响

保险欺诈会影响费率变动，尤其是在机动车保险费率实现市场化之后，但是这种影响的程度在我国过去欺诈的相关研究中并没有量化。本书结合考虑机动车保险制度的变迁以及我国目前的机动车费率敏感度，探讨在这种敏感度下，欺诈对费率的影响程度。

5. 分析欺诈识别的外部性，从而解释保险公司疏于识别欺诈的制度因素

已有的研究认为，保险公司不愿反欺诈，是基于成本的考虑，同时也是基于企业形象的考虑。但是，本书以外部性的角度考察发现，保险欺诈具有很强的外部收益性，单个保险公司识别欺诈，承担成本，但是收益却是整个保险市场分享。这种外部性会制约单个或数家保险公司实施保险反欺诈的积极性。因

此，必须寻求整个保险市场或者全社会对欺诈的关注，或给予欺诈识别的保险公司适当的激励机制。

6. 通过欺诈识别的实证分析，建立机动车保险反欺诈的指标体系

本书作者通过到财产保险公司调研获得经验数据，在 Logistic 分布下采用两元选择模型，通过统计分析软件进行我国机动车保险欺诈识别的实证检验，得到识别机动车保险欺诈的多重指标，同时，对于这些指标的识别效果进行国际比较，以期对保险公司和保险监管机构进行保险反欺诈策略的构建有所指导。

第二章

机动车保险欺诈现状分析

本章力图从保险经营的角度考虑机动车保险欺诈的现状及影响。保险经营中最重要的两个环节是收取保费和保险赔付。保险赔付的状况将直接决定保险公司的风险和利润。保险公司的赔付主要由三部分构成：第一，正常的赔付。这是依据历年的赔付和大数法则算出来的理论上比较稳定的赔付值。第二，巨灾赔付。在国际及国内保险经营中，巨灾严重影响保险赔付，它由此造成理赔的剧烈波动，严重的还影响保险公司的偿付能力。据美国保险服务事务所（ISO）2007 年统计，自然灾害造成美国财产保险业每年约 60 亿美元损失。第三，保险欺诈的赔付支出。根据美国反欺诈联盟（Coalition Against Insurance Fraud）2009 年提供的数据，欺诈导致美国保险业每年 800 亿美元的损失，每个家庭约承担 950 美元损失。

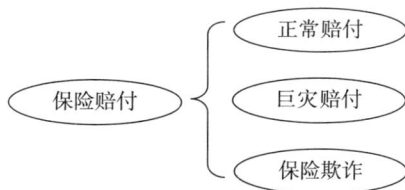

图 2 - 1 保险赔付的构成

通过对比可以看到，巨灾导致的保险赔付波动是几十亿美元，而保险欺诈导致的保险损失达百亿之多，保险欺诈给美国保险业带来的损失比巨灾更为严重，影响了保险经营的稳定性。因此，深入了解目前保险欺诈在我国及在美国、英国、日本的状况有助于其后展开对保险欺诈的成因、识别及防范的研究。

第一节　机动车保险欺诈概述

世界上对机动车保险欺诈关注比较早的国家是美国和英国。其他国家，诸如瑞典、德国、西班牙、日本也都有保险欺诈研究的相关机构。大体来说，它们对机动车保险欺诈的关注有三个层次：第一，国家的层次。例如，美国的保险欺诈局。又如，英国设立的机动车辆反欺诈和偷窃机构。第二，公司层次。这里主要是各家财产保险公司在内部设立的保险反欺诈部门，例如设立专门的特别调查科对有嫌疑的案例进行调查等。第三，独立的第三方机构。例如，美国的 ISO （Insurance Service Office），定期对保险欺诈进行统计并将数据共享给各家保险公司。

我国1980年开始恢复国内保险业务。90年代，保险欺诈问题并不突出。近几年，随着我国机动车保险业务的快速发展，保险欺诈问题日益突出，为财产保险公司和社会带来严重危害，正在引起保险公司的重视。北京市保监局2004年4月份公布的统计数字表明，北京市机动车保险欺诈呈上升趋势。据北京各财产保险公司的保守估计，在2000年至2003年四年间，保险欺诈造成的保险损失约13亿余元。2005年北京各家财产保险公司共计23亿元的机动车保险赔款中，约有20%－30%属于欺诈。① 保险欺诈不仅给保险业造成巨额经济损失，损害了诚实投保人的利益，而且破坏了社会的经济秩序。

一、投保方欺诈的具体表现

分析机动车保险欺诈案件，可以发现各种保险欺诈案件有个性，也有共性。同时机动车车身险和第三者责任保险因为涉及到的各方当事人和关系人有所不同，也表现出不同的欺诈行为模式。

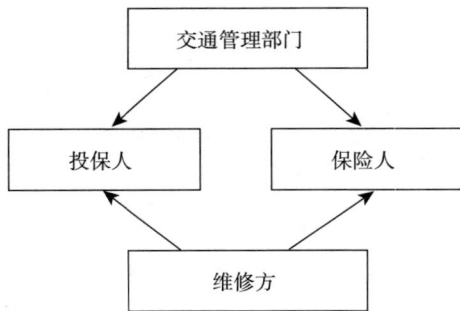

图 2－2　机动车车身险的当事人和关系人

对于投保人而言，有风险才有保险，同时由于保险毕竟是以大数法则

---

① 刘涛. 保险欺诈如影随行 ［N］. 中国保险报，2006－12－6.

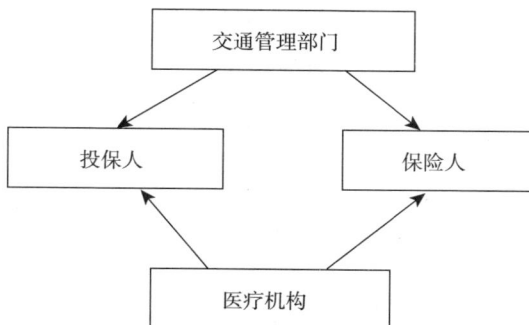

图 2 - 3　机动车第三者责任险的当事人和关系人

为基本原理，这就决定参与保险的成本（交付保险费）与收益（获得保险金赔偿或给付）之间是对价而非等价关系。可以说产生投保人、被保险人、受益人的欺诈动因之一就是谋取巨大非法利益的驱动。具体表现为：

1. 事后投保或隐瞒情况，以骗取保险金。主要表现在投保方故意隐瞒真实情况，不履行如实告知义务，以获得保险人承保，而后制造事故骗取保险金。例如，投保机动车保险时，汽车已经出险了，但是投保人隐瞒情况，不履行如实告知义务；又如已发生保险事故再行投保，擅自更改事故发生的时间、地点等。

2. 不具有保险利益的投保。在财产保险中，确认投保人对保险标的具有经济上的利益是合同成立的必要条件。例如，对机动车辆不具有可保利益，但是未经机动车所有人同意，擅自投保，而后制造意外事故，加害被保险人，骗取保险金。

3. 投保方故意制造损失和意外事故。有的机动车所有人经营亏损，却故意高额投保，并在保险期间纵火，造成机动车辆损毁。机动车第三者责任险中伪装交通事故和其他意外事故死亡，或者与交通事故受害方串谋欺诈保险公司。

4. 夸大损失程度。保险标的遭遇保险责任范围内的部分损失，被保险人不仅不积极施救，而且还故意扩大保险损失，企图获取更多保险金；在第三者责任险中，受害第三方虽已痊愈仍不肯出院，试图欺诈额外保险金。

5. 虚构保险标的，捏造保险事故或谎称发生了保险事故。投保人没有机动车却向保险人投保，或将其他非保险机动车辆的损失伪装成保险车辆的损失。

6. 伪造、变更与保险事故有关的材料或其他证据，或者指使、唆使、收买他人提供虚假证明资料，或者编造虚假的事故原因。如虚列损失清单，伪造死亡证明，与维修方串谋，将机动车辆的维修费用夸大，骗取保险金。

透过上述种种机动车保险欺诈现象，不难发现其实质就是利用保险对价的特点，以较小的保险费支出，欺骗保险公司，力求获取高于保险费若干倍，乃至几十倍的保险金。可以说保险合同本身的不对等性质，是导致保险欺诈成为金融欺诈重灾区的重要原因。

二、保险公司业务人员串谋欺诈的表现

在保险欺诈的理论界定中，并不将保险公司列为可能的欺诈主体，而只认定投保方的欺诈。但是，在保险实践中，保险公司的工作人员和业务人员也往往参与保险欺诈。当然，这种欺诈的实施需要与投保方的共同合作，单方的保险公司内部人员诈骗，不列入保险欺诈的研究中。在机动车保险中，保险人方面的串谋欺诈，动因比较复杂，追求经济利益是动因之一，从经济学中的委托代理理论来解释，可以认为：公司利益与业务人员的个人利益不一致，甚至存在严重的冲突，导致保险公司业务人员与投保方恶意串通谋取非法额外利益；同时，保险业务流程与业务管理存在较大漏洞也使欺诈的成功性上升。具体表现在：

1. 诱导投保人重复投保或者超额投保。保险经营中，一般将投保分为足额投保、不足额投保和超额投保。足额投保是为了使被保险人在出险时损失能够得到充分的补偿，实践中，被保险人对于标的的价值可能并不明确，会出现不足额投保或者超额投保的情况。而保险公司的业务人员正是利用这个契机，引导被保险人超额投保，并实施高额的保险欺诈。这种与投保人或者被保险人串谋共同欺诈、分享利益的情况，难以识别，并且往往造成重大损失。

2. 利用对理赔流程的了解实施欺诈。保险公司工作人员利用职务上的便利，故意编造未曾发生的保险事故，虚假理赔，或与被保险人、受益人串通涂改保险合同资料，使之符合保险事故条件，私分保险金。由于工作人员掌握公司的理赔流程，能够针对性地提供所需的各种伪造材料及证据，因此，这种欺诈的隐蔽系数最高，保险公司很难发现和识别。

第二节　美国机动车保险欺诈

一、美国机动车保险概述

1927 年美国麻萨诸塞州制定了举世闻名的强制机动车（责任）保险法[①]，

---

①　龙玉国等编著. 机动车保险创新和发展 [M]. 上海：复旦大学出版社，2003：6.

标志着机动车第三者责任保险从自愿投保的方式向法定强制保险的方式转化。此后，这种法定第三者责任险的模式很快遍及世界各地，极大地推动了机动车保险的发展，使得车损险、盗窃险、货运险等业务随之发展。美国机动车保险业务量居世界第一。根据 World Watch 2009 年的数据，美国家庭平均每年支付 800 美元机动车保险保费，机动车保险保费收入占财产保险保费收入的 45% 左右，机动车保险的综合赔付率为 105%；平均每个机动车碰撞案件产生 2800 美元的保险索赔，如果涉及人员伤亡，索赔高达一万美元。美国机动车保险市场准入和市场退出都相对自由，激烈的市场竞争，较为完善的法律法规，使美国成为世界上最发达的机动车保险市场。

经过多年的发展，美国形成了一套较为科学的机动车保险费率计算方法，它代表了国际机动车保险市场上的最高水平。尽管美国各州机动车保险费率的计算方法有差异，但是它们有一个共同点，就是绝大多数州都采用 161 级计划作为确定机动车保险费率的基础。在 161 级计划下决定机动车保险费率水平高低的因素有两个：主要因素和次要因素。主要因素包括被保险人的年龄、性别、婚姻状况及机动车辆的使用状况。次要因素包括机动车的型号、车况、最高车速、使用地区、数量及被保险人驾驶记录等。这两个因素加在一起决定被保险人所承担的费率水平。我国也已实施机动车保险费率市场化，在这种市场化的费率下，机动车保险欺诈将以费率为传导影响整个保险市场的风险。

二、美国机动车保险欺诈现状

机动车保险是美国财产及意外伤害保险①保费收入的最主要来源之一：美国保险业保费收入的 45% 都来自于机动车保险业。根据 One Source 的信息估计，机动车保险的赔偿额大约是：每分钟 19.5 万美元，每小时 1100 万美元，每周 20 亿美元，每年 1020 亿美元。机动车保险公司往往全年都忙于处理理赔事务。② 正是机动车保险的承保金额、索赔案件、承保车辆数繁多，才给投保方以欺诈的可乘之机。

一项调查统计报告显示，在美国，每年保险欺诈总成本（含寿险和财产

---

① 这里需要注意的是，各国对保险的分类有所不同，美国依照费率厘定的不同，将保险分为：人寿保险，财产及意外伤害保险；我国将保险分为：人身保险与财产保险；而 sigma 的统计中则一般区分为：寿险与非寿险。我国保险学界既有使用"非寿险"一词，也有使用"财产保险"之称。

② Gen Re：automabile insurance，2006.9.11，http：//www.genre.com/page/.

及意外险）总计约为 850 亿 – 1200 亿美元。① 根据美国保险反欺诈联盟 2009 年统计，在汽车车身损伤的索赔案中，保险欺诈金额占保险公司总赔付额的 17% – 20%，即每年给财产及意外保险公司造成约 130 亿 – 180 亿美元的损失；健康保险欺诈每年约造成 540 亿美元损失；而 25% 的美国人却表示，保险公司是可以接受欺诈的。不论从欺诈的金额总数，还是占比，都显示出美国的保险欺诈相当严重。为此，美国已经在 45 个州建立了 35 个保险反欺诈机构。

美国保险欺诈与赔付的占比

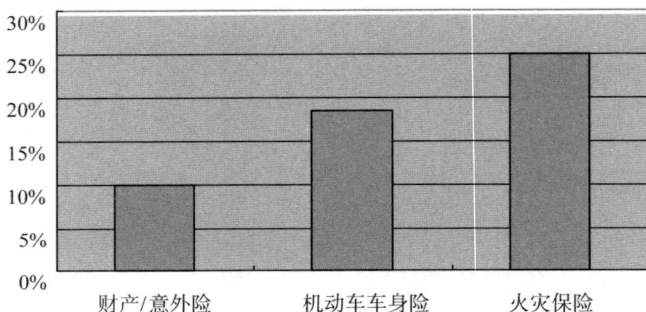

图 2 – 4　美国保险欺诈与赔付金额的比例

（资料来源：Patrivk brokett and Richard Derrig, Fraud classification using principal component analysis of Ridits, The jounal of risk and insurance, 2002, Vol. 69, No. 3, 341 – 371）

另外，美国的机动车保险欺诈出现一些新的特征。欺诈数额上升，欺诈主体多样化，参与欺诈的人除了投保方，还包括医生、律师等，他们在欺诈案件中往往起到"同谋"作用，这使保险欺诈从单方被保险人走向多方串谋、合作欺诈的方向。例如，建议车祸受害者到"指定"诊所接受检查。而当病人来到诊所，他们往往会接受毫无必要的"全面治疗"，范围包括物理治疗、牙科诊断、针灸治疗以及心理治疗等，然后诊所开出一张巨额账单。由于手续齐全，保险公司不得不支付这笔费用，所有参与欺诈的人员都可以从中牟利。这种多方串谋，共同欺诈保险公司的情况，常常因数额巨大、操作隐蔽而造成严重的危害。对保险欺诈的防范也因此不得不从保险领域拓展到与交通部门、医

---

① Patrivk brokett and Richard Derrig, Fraud classification using principal component analysis of Ridits, The jounal of risk and insurance, 2002, Vol. 69, No. 3, 341 – 371.

疗机构、司法机构的全面合作。

三、美国机动车保险反欺诈

鉴于日益严重的保险欺诈，美国多个州政府及警方开始严厉打击机动车保险欺诈。如今，纽约州已经将对机动车保险欺诈案件的处理提升到对付有组织犯罪的高度。对于机动车保险欺诈的司法界定也更加严厉，许多欺诈行为已经被列为"有组织犯罪"，其面临的重罪指控可能使罪犯最高获刑25年。

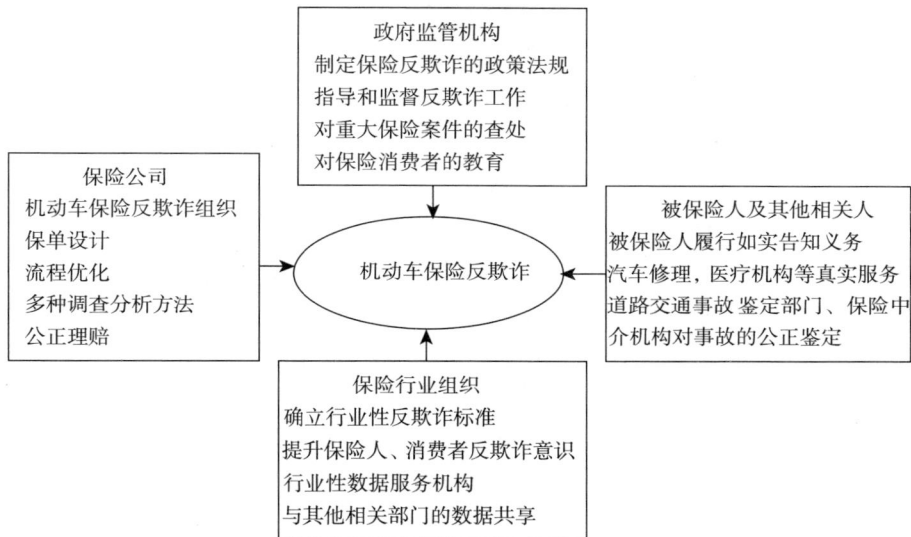

图 2-5　美国机动车保险反欺诈基本框架[①]

美国的机动车保险反欺诈，经过二十多年的发展，逐渐形成"四位一体"的组织架构：

1. 立法和监督管理机构。这主要是宏观层面，从保险反欺诈的法律政策角度，进行相关的立法完善，并且实地指导和监督反欺诈工作。与之相比，我国并没有专门的反欺诈机构，也没有专门的反保险欺诈的法律。

2. 保险行业组织。这是中观层面，其作用是，为各家保险公司确定行业性的反欺诈标准，并且提供保险理赔和欺诈的相关数据，供保险公司参考。这当中最重要的是通过这种行业性的组织机构，建立全行业共享的数据信息系统。基于信息不对称的机动车保险欺诈，或者是在几家保险公司之间连续欺诈

---

① 卫新江．美国机动车保险反欺诈的经验及对我国的启示［J］．保险研究，2006（3）：92．

的识别，都依赖于保险人之间信息的对接和沟通。

3. 被保险人和保险人的层面。这是实施保险欺诈与进行保险反欺诈的主体。注意，在引言的概念界定中曾说明，本书只研究被保险人和投保人、受益人实施的欺诈，而不考虑保险公司对被保险人实施的欺诈。保险公司实施反欺诈，首先要从保单的完善开始，虽然基于合约的不完全，或者法律灰色地带的存在，保险合约不可能考虑到所有可能的情况，但是，尽可能地完善合约是第一步；另外，对承保和理赔的流程进行优化，是机动车保险中反欺诈的核心技术部分。承保是防范保险欺诈的事前步骤，而理赔，则在保险欺诈实施中尽可能地识别并减少欺诈。在投保人和被保险人层面，最重要的是进行保险反欺诈意识的教育，将实施保险欺诈的危害性及其严重后果阐明。

4. 其他相关的关系人和机构。对于机动车保险而言，相关的关系人最重要的是保险经纪人和保险代理人，而相关的机构最重要的是机动车的维修机构和医疗机构。机动车辆由于型号的不同，零部件之间的造价有很大差异，这为维修机构与被保险人之间的串谋，或者维修机构的单方欺诈提供了可能。而在第三者责任保险中，由于涉及到受害方的医疗问题及各种救治费用，可能产生受害方、医疗机构与被保险人共同实施的欺诈。

以上讨论了机动车保险反欺诈的主体，现在就保险公司的角度来分析其在经营中所能采用的反欺诈方法。在机动车保险反欺诈过程中，最重要的微观主体是财产保险公司。随着科学技术的发展，越来越多的方法被引入保险反欺诈中。

过去，保险公司只在理赔的流程中对保险欺诈进行防范。但是，随着保险欺诈的新发展，多种欺诈手段的实施和多方串谋欺诈的发展，保险公司内部的反欺诈也开发多种模式相结合的体系，以便提高欺诈识别的效率。如图所示，美国机动车保险反欺诈主要有 15 种方法，这些方法有公司内部的，有行业性的。反欺诈最主要的地方在于理赔信息的识别和共享，而这些数据既有公司内部的理赔数据库，也有行业性的理赔数据。这些反欺诈方法中，内部数据库的查询和外部数据库的查询取得最好的成效，并且由于数据之间的对接较好，除非是新购买的机动车，没有过往的索赔信息，一般的机动车都能够在历史数据中对投保人和被保险人作出勾画。

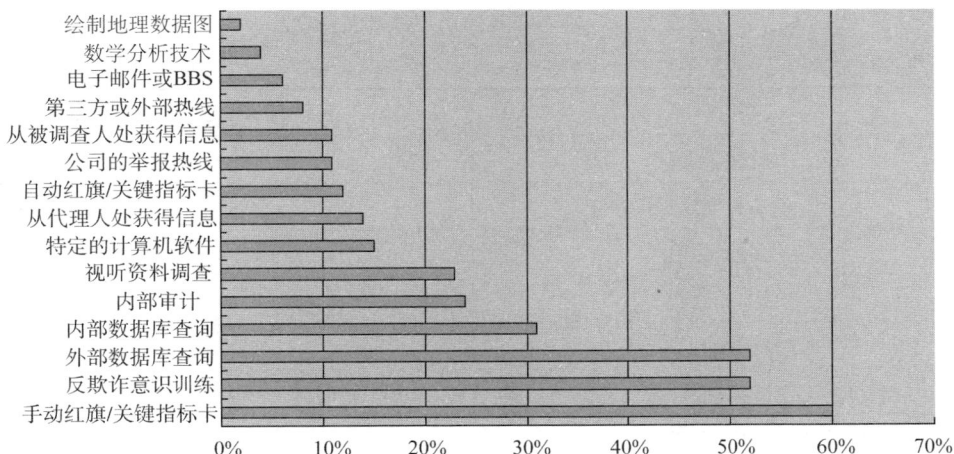

图 2-6　美国保险公司常用的反欺诈方法①

第三节　英国机动车保险欺诈

一、英国机动车保险概述

英国是世界保险业第三大国，仅次于美国和日本。英国的家庭每年会拿出收入的很大一部分购买各种保险，例如，家庭财产保险、机动车保险、医疗保险、养老保险等。机动车保险在英国财产保险中占有重要地位。据 UK Insurance Index 2009 年的统计，英国家庭平均每年为机动车保险支付 486 英镑的保费，而新的机动车驾驶员可能面临更高的保费，高的可达每年 2000 英镑。在英国，最早开发机动车保险业务的是意外保险有限公司，1898 年该公司率先推出了第三者责任保险，并附加火灾保险。1903 年，英国创立了汽车通用保险公司，并逐步发展成为大型的专业化机动车保险公司，到 1913 年，其机动车保险已经扩大到 20 多个国家，机动车保险费率和承保办法也基本实现标准化。② 机动车保险在所有保险中占有重要比例，相应地机动车保险欺诈也是保险欺诈中最重要的。

---

① 卫新江. 美国机动车保险反欺诈的经验及对我国的启示 [J]. 保险研究，2006 (3)：95.
② 龙玉国等编著. 机动车保险创新和发展 [M]. 上海：复旦大学出版社，2003：6.
　　慈中阳. 机动车保险发展历程与现状浅析 [J]. 经济与管理，2006 (2).

表 2－1 2007 年英国财产保险保费收入

（单位：十亿英镑）

险　种	保　费
机动车保险	19.7
意外和健康保险	8.47
财产保险	16.4
责任保险	7.53
Pecuniary loss	6.75
总额	59

（资料来源：sigma 2008 年 3 月）

英国机动车保险的赔付率一直居高。与其他险种相比，机动车出险的概率较大，这主要是因为运输工具（包括机动车、火车、轮船、飞机）是动态的，与静态保险标的相比，更容易出险。2005 年，机动车保险的保费收入是 102 亿英镑，但是，总赔付却高达 103 亿英镑，承保损失是 1 亿英镑。

表 2－2 2005 年英国机动车保费收入情况①

（单位：十亿英镑）

项　目	机动车	财　产	其　他
净保费	10.2	8.5	12.5
总赔付	10.3	7.7	11.7
承保利润	－0.1	0.8	0.8

（注：净保费＝总保费＋分入保费－分出保费）

剔除正常的索赔，在机动车保险赔付中，有很大一部分欺诈性索赔，他们严重侵蚀保险公司的经营利润。实际上，机动车保险的经营利润常常是负值。

二、英国机动车保险赔付及欺诈分析

根据英国保险人协会（ABI）2009 年统计，2008 年英国保险欺诈每周给保险业带来约 1400 万英镑损失，比 2007 年上涨 30%，平均而言每 25 份索赔中有 1 份欺诈性索赔。保险欺诈的直接后果就是导致保险赔付的上升，或者上下波动。下图为英国 1992 年至 2002 年间机动车保险承保与赔付状况。可以看

---

① ABI. 2005 UK insurance key facts ［R］. 英国：英国保险人协会，2006.

到，从1996年开始，机动车的赔付开始呈现明显的上升趋势，而其中的1995年至2001年的6年间，机动车保险费都小于总赔付，承保利润为负值。事实上，机动车的承保符合大数法则，因为标的数量众多，赔付的波动从理论上说应该比较稳定，但事实上，英国机动车保险的赔付有一定的波动性。诚然，在没有剔除其他因素导致保险赔付变化的情况下，并不能将赔付的波动全部归因于保险欺诈。

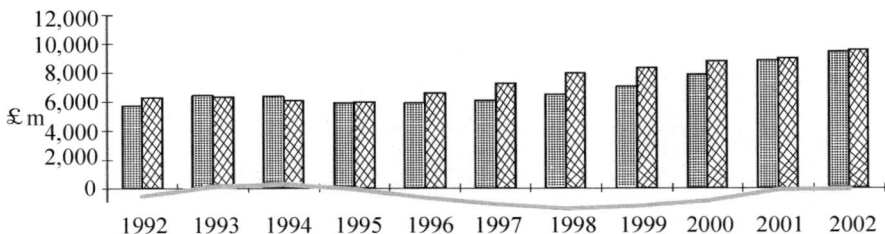

图 2 – 7　英国机动车保险赔付

（注：▦表示净保费，▨表示赔付，浅灰色线表示承保净利润，1999 – 2002 年英国机动车保险索赔增长 22%）

英国的保险欺诈近几年呈现上升趋势。英国保险人协会（ABI）在呈交英国政府的《欺诈评论》中表示：在英国，保险欺诈是一种快速增长的犯罪，其数量在近5年中加倍增长，每年的欺诈成本约为160亿英镑（约合285亿美元），相当于英国每户人家每年支出650英镑（约合1158美元）。①

三、英国机动车保险欺诈因素分析

1. 机动车用途与保险欺诈

在保险欺诈的研究中，车辆的用途是一项重要的指标。事实上，机动车是私人用途还是商务用途会导致出险的概率不同。如下，商务用车索赔的频率是19.8%，而私人用车索赔的频率只有15.7%，低了4.1%。并且，索赔的金额也有区别，商务用车平均索赔2157英镑，私人用车平均索赔1705英镑，每部车平均高452英镑的索赔。商务用车中，还因为驾驶员往往不是被保险人本人，这导致驾驶员欺诈可以获得当期收益，而欺诈导致的下期费率上调约束的是商务用车所有人，这种主体的分离常常产生隐性欺诈。

---

① ABI. 欺诈评论 [J]. 保险杂志. 美国：保险杂志出版社，2006 – 4 – 26.

表 2 - 3　2002 年英国私人用车与商务用车的比较

项　目	私人用车	商务用车
保额（单位：千英镑）	21，245，000	4，456，000
总保费（单位：千英镑）	7，573，814	2，750，747
平均保费（英镑）	356.5	617.3
索赔频率（%）	15.7	19.8
平均索赔（英镑）	1705	2157

（注：不包括 Lloyds 数据，商务用车包括公司用车、农业用车、雇用车等）

2. 费用与机动车保险欺诈

机动车是一个动态的标的，这与其他静态的财产保险，例如，房屋保险，建筑保险等面临不同的风险。机动车在使用的过程中有损耗、碰撞、损坏等事故发生，这些事故必然带来各项费用的产生，而这些费用中有些属于保险保障的范围，有些则不是。机动车保险中的软欺诈经常采用将不属于保险范围的损失和费用计入保险事故中，通过夸大损失来获得其他费用的补偿。

2005 年英国机动车相关费用百分比图

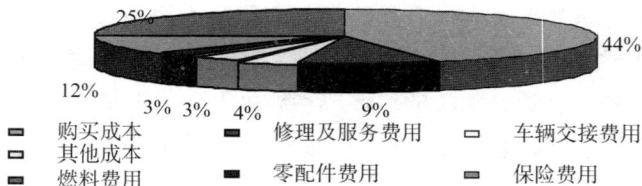

图 2 - 8　2005 年英国机动车相关费用

（资料来源：ABI. 2005 UK insurance key facts ［R］. 英国：英国保险人协会，2006）

3. 成本与机动车保险欺诈

从成本的角度来分析机动车保险欺诈有利于对机动车保险欺诈进行细化，深入了解机动车保险欺诈对保险公司经营成本的影响。机动车保险欺诈一般体现在投保人、被保险人或受益人故意制造保险事故，或者将现有的保险事故扩大。不论是哪一种方式，它必然导致保险公司相关成本的上升。因此，从保险成本入手，通过趋势分析，能够总体上获得机动车保险欺诈比较集中的成本领域。例如，通过对英国机动车保险成本的分析，可以发现，随着机动车偷窃的下降，其相应成本降低了；索赔上升主要集中在零配件及机动车个人损害的索赔。在对欺诈的识别和防范中，就应当重点关注零部件的维修是否存在欺诈，同时对涉及人身伤害的赔偿，必须对伤害程度、赔偿额度细致审核。

表 2-4　英国影响机动车保险成本的因素

成本类型	趋　　势	来　　源
偷窃的数量	自 1995 年以来，偷窃比率下降了一半，总偷窃成本从 1995 年至 2002 年下降了 8%。	英格兰及威尔士 2002/2003 犯罪统计
交通事故数量	交通事故数量从 1995 年的 231，000 起下降至 2002 年的 222，000 起。	大不列颠道路交通年报 2003
车辆及零配件成本	1995-2003 年，新车成本下降 11%，二手车下降 26%，然而零配件上升 21%，挡风玻璃成本上升 9%。	ABI 机动车季度统计表 2003
个人损害赔偿	过去的几年，个人伤害赔偿是通货膨胀的 3-4 倍。	ABI 个人伤害调查 2003

4. 诚实态度与机动车保险欺诈

在欧洲国家，保险欺诈与偷税成为白领犯罪的主要方式。在对市民诚实态度的调查中显示，有很大一部分人对夸大保险索赔和虚构保险索赔采取容忍态度，甚至有一部分人不排除未来有此行为。

根据英国 ABI 的调查显示，40% 的人认为夸大保险索赔是可以接受的，而 29% 的人认为虚构保险索赔是可以接受的，其心理分析如下：第一，被保险人往往认为交付保险费就应当得到相应的补偿，如果得到的赔付小于缴纳的保费，被认为是不"合算"的，因此对夸大保险索赔的情况，有如此高比例的人接受。第二，夸大保险索赔和虚构保险索赔是可以宽恕的行为。因为小额的夸大并不违反法律，不属于犯罪行为，从心理上可以自我谅解。第三，由于保险理赔的严格性，如果如实报告损失数额，由于各种限制性规定的存在，被保险人得到的保险金往往小于实际损失额，所以夸大损失是为了得到充分的赔偿。

诚然，大部分的人认同这是不诚实的行为，但是并不认为是犯罪行为，由此，在犯罪行为与不诚实行为之间产生了一个可以自我原谅的地带，这是一些数额不大的保险欺诈产生的心理动因。

第四节 日本机动车保险欺诈

一、日本机动车保险概述

日本机动车保险开始于 1914 年，目前，日本的机动车保险主要包括强制机动车责任保险和任意机动车保险两大部分，其中，强制机动车责任保险主要是以 1955 年的《机动车损害赔偿保障法》作为法律依据，类似于我国现在实行的机动车第三者责任强制保险。

表 2－5 日本机动车保险发展阶段

时　　间	项　　目
1947	使用统一的保险条款和保险费率
1948	成立损害保险费率厘定会
1955	制订机动车保险损害赔偿保障法
1964	机动车保险费率厘定协会
1997	采用风险细分型机动车保险
1998	实行多样化费率

（资料来源：龙玉国等编著，机动车保险创新和发展，上海：复旦大学出版社，2003）

日本的机动车保险在近几年的发展中，呈现以下两方面特点：

1. 机动车保险竞争加剧。日本的机动车保险竞争一方面是价格竞争，另一方面是保险产品和服务的竞争。在价格竞争上，近几年日本三家主要的财产保险公司安田火灾保险、东京海上保险和三井海上保险将 30 岁以上被保险人的机动车保险费率相继下滑 10%。在非价格竞争上，保险公司纷纷推出新的机动车保险产品，并积极提供除保险理赔外的其他保险服务。

2. 机动车保险赔付上升。例如，东京海上保险公司的机动车保险赔付在 20 世纪 90 年代为 56.4%，近几年上升到 61.0%；同时，安田火灾、三井海上、住友海上等多家保险公司的赔付率都相继上扬到 60% 以上。赔付率的上升，既有自然灾害导致的因素，也有机动车的盗窃、机动车保险承包范围的扩大，以及机动车保险欺诈的上升等多方面因素的影响。

表2-6 日本机动车保险赔付及调查费用分析

（单位：亿日元）

	保费收入	净保险金支付	赔付率（不含事故调查费）	事故调查费	营业费用	营业费率（含事故调查费）
东京海上	6619	3893	58.8%	277	792	34.7%
安田火灾	4846	2696	55.6%	243	672	37.6%
三井海上	2970	1688	56.9%	174	510	41.8%.
住友海上	2601	1423	54.7%	141	375	38.3%
大东京	2692	1585	58.9%	108	405	37.5%
日本火灾	2198	1273	57.9%	102	315	37.7%
日动火灾	2093	1246	59.5%	94	325	38.4%
千代田	2207	1302	59.0%	119	320	39.1%
富士火灾	2050	1232	60.1%	123	290	39.5%
兴亚火灾	1323	783	59.1%	73	176	38.2%
日产火灾	1424	825	57.9%	82	185	38.1%
同和火灾	1142	664	58.1%	67	172	40.0%
共荣火灾	784	471	60.1%	44	122	39.7%
日新火灾	846	481	56.8%	53	129	40.5%
大成火灾	431	246	57.1%	32	65	41.3%
朝日火灾	161	100	61.8%	10	29	41.7%
合计	36051	20837	57.8%	1878	5304	38.6%

（资料来源：植村信保著，陈伊维、谭颖译. 日本财产保险业的变化及对策［M］. 北京：机械工业出版社，2005：135）

从表中可看到，跟随机动车赔付率变化的是事故调查费用的变动和营业费用的变动，这两种费用的上升，已经大大地提高了保险公司的经营费用支出，侵蚀机动车承保利润。

二、日本保险欺诈分析

据日本警方统计，日本以意外伤害保险、健康保险实施欺诈的案件，平均每年给保险业带来几十亿日元的损失。人身保险由于投保人和被保险人可以分离，那些不法分子就可以瞒着被保险人投保以死亡为给付条件的人寿险，并特约意外伤害险，同时又由于人身保险不会构成重复保险，保险公司要就每份合同各自履行规定的责任，因此投保方乘机主动多投保高额保险，骗取巨额保险金。而机动车保险，则由于标的的流动性，出险概率较高，易制造事故实施欺诈或者夸大索赔进行欺诈，所以一直是财产保险中投保方不良动机投保的主要险种。

根据日本已侦破的保险欺诈案统计资料，欺诈方最主要的犯罪动机是谋取金钱。尽管资料①显示其中具体动机有的是为了筹措周转资金，占 36.8%；有的表现为筹措旅费，占 23.5%；有的是为归还贷款，占 20.5%；有的则是因催讨借款受阻，对债务人背信而产生愤怒，遂杀害债务人，以保险金抵债，占 7.4%；有的则是由于房屋贷款，经济拮据而萌发骗取保险金动机，占 7.35%。此外，根据日本法务综合研究所的调查，参与保险欺诈的共犯，60.8% 是主犯以金钱收买而与被害人无直接关系的第三者。日本是保险业发达国家，其对保险欺诈犯罪的调查研究较为深入，并积累了一定的资料，这些统计数据有一定的代表性。

我国保险业正处于大发展的初期，保险法规尚在建立和健全之中，因而近年来我国保险欺诈案件发生数量较多。对于保险欺诈目的的分析，有利于了解被保险人的背景，从而在被保险人提出索赔的时候，建立预警机制。

第五节　我国机动车保险欺诈现状

一、我国机动车保险制度变迁

1. 我国机动车保险的发展历程

我国的机动车保险大致经历了以下几个阶段：

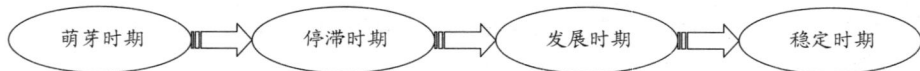

图 2 - 9　我国机动车保险发展阶段

（1）萌芽时期：鸦片战争以后至新中国成立之前

鸦片战争以后，机动车保险开始进入我国，当时，我国的保险市场处于外国保险公司的垄断和控制之下，机动车保险处于一个萌芽时期。虽然此时运输工具保险占重要地位，但以船舶保险为主，机动车保险发展不足。

---

① 陆爱勤. 保险欺诈及其防范 [J]. 政治与法律, 2006, (4): 29.

（2）停滞时期：新中国成立后 50 年代至 70 年代

新中国成立以后，由于认识的偏颇，对机动车保险出现了争议，认为车身险和第三者责任险对肇事的司机给予补偿，即导致交通事故的增加，对社会产生负面影响，于是当时唯一的一家保险公司中国人民保险公司于 1955 年停办机动车保险业务，直到 70 年代为了各国驻华使领馆的需要，才恢复机动车保险业务。

（3）发展时期：80 年代末

80 年代初期，中国人民保险公司恢复国内企业和单位的机动车保险，以适应公路交通运输的迅速发展，但是当时主要发展企业财产保险，机动车保险保费仅占财产保险保费的 2% 左右。随着社会经济的发展和人民生活水平的提高，汽车在人们生活中越加普及，机动车保险得到快速发展。此时，将财产保险拓展到机动车保险，使其涵括更大的范围，具有更强的适用性。

（4）稳定时期：90 年代至今

80 年代末至 90 年代初，机动车保险的保费首次超过企业财产保险的保费，成为财产保险的第一大险种，并一直保持着快速增长。从下图可以看到，从 2000 年至今，机动车保险在整个财产保险中始终保持 50% – 70% 的份额。2008 年，全国财产保险保费收入达 2159.1 亿元，其中机动车保险占 1898.19 亿元。同样，财产保险中最重要的赔付支出也来自于机动车保险，平均而言每年约有一千万件机动车保险赔付，简单赔付率超过 60%。

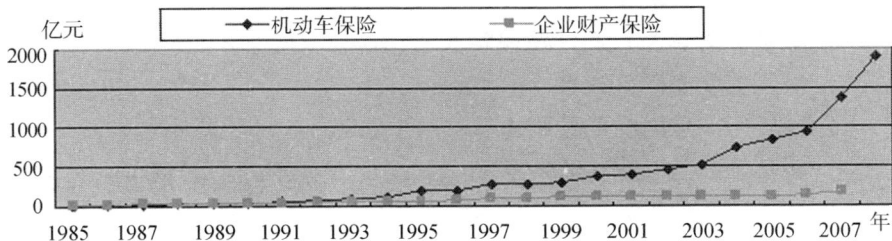

图 2 – 10　1985 – 2008 年我国财产保险中企财险与车险保费收入

（数据来源：《中国金融年鉴》各年，《中国保险年鉴》（1999 年 – 2008 年））

实际上，机动车保险在财产保险中占重要地位，不仅仅在我国，通过前述分析可以看到，在美国、日本、英国也大抵占到 40% 以上份额，这也是国际保险的实践及学术研究中更为关注机动车保险的原因。

2. 我国的机动车保险费率市场化

2003 年以前，我国机动车保险一直采用保监会统一的条款和费率，导致各家保险公司提供的机动车保险基本无差异，这一方面不能有效提升保险公司的竞争意识，另一方面，也导致机动车保险费率一直维持在较高水平。2003 年保监会在全国范围内实施机动车保险费率市场化改革。改革后，各家保险公司自行确定机动车保险条款和费率，同时报批保监会备案即可。

表 2 – 7　2004 – 2006 年我国机动车保险费率变化

机动车保险	2006 年		2005 年		2004 年	
	费率‰	变化幅度%	费率‰	变化幅度%	费率‰	变化幅度%
	8.68	2.80	8.41	– 14.36	9.19	– 16.38

（资料来源：吴焰，《中国非寿险市场发展研究报告 2006》，中国经济出版社，2007 年，第 7 页）

分析保险市场上占据最大份额的中国人民财产保险公司（PICC）的条款及费率变化。PICC2003 版机动车保险条款于 2004 年 3 月 3 日废除，新条款于 4 月 1 日实施，新的机动车保险条款在保险对象和保险责任方面作了如下调整：

（1）将"核定载重量 0.75 吨以下客货两用车"排除在家庭自用车之外

（2）明确概念

（3）引入绝对免赔额

（4）明确了"私了"案件处理要求

（5）引入"专修厂"条款

（6）对"协商定损"的原则进行进一步的明确

（7）调整费率，上浮风险较高的一年以内、七年以上家用车、大吨位营运货车及营运客车的费率

（8）区域化费率调整，41 套费率表

（9）多肇事，费率上升，采用从人、从车因素

从以上数据及条款变化中可以看出，我国机动车保险费率已随赔付成本而发生变化。费率市场化与机动车保险欺诈关系密切。在没有市场化之前，即使由于保险欺诈导致个别保险公司赔付率上升，但是，由于保险条款和费率是监管机构统一制定的，欺诈导致的赔付上升只能由个别保险公司自己买单，不能通过费率上升的方式来调节。同时，对被识别的欺诈方，费率市场化之后，可

以对其提高费率，作为欺诈的惩罚成本。所以，机动车保险费率市场化对于机动车保险欺诈而言具有很强的杠杆作用。

二、我国机动车保险市场现状

机动车保险是我国财产保险中的核心险种，经过近几年的发展，体现出如下几方面的特点：

1. 机动车保险在财产保险中占绝对比例

2004 年开始我国财产保险原保费收入超过一千亿元，至 2008 年超过两千亿元，其中机动车保险保费收入占比最高的是 2006 年，高达 70.14%，比 2005 年上涨 3.2%。自 2006 年 7 月 1 日新的《道路交通安全法》实施以后，尤其是机动车交通事故责任强制保险的实施，使机动车保险的重要性再次凸显。2006 年底，机动车投保率达 75%，比交强险正式实施前提高了 20 个百分点，2007 年及 2008 年机动车投保量继续上升，有力地推动了机动车保险市场的发展。

2. 机动车保险费率市场化导致费率波动较大

机动车保险费率是我国现有的保险险种中最早实现费率市场化的。费率的市场化相对于由监管机构统一颁布的费率而言，其变动更能够反映保险公司经营的波动。在费率市场化的过程中，受到保险公司之间竞争的影响，同时，受保险欺诈带来的赔付率上升的影响，我国的机动车保险费率一度发生较大幅度的波动。

3. 机动车保险赔付呈现上升趋势

从绝对值来看，我国机动车保险的赔付从 2001 年的 219.5 亿元上升到 2006 年的 599.2 亿元，净增加值为 300 多亿元。从相对数值来看，机动车保险的赔付率也呈现上升的趋势，在 2003 年赔付率甚至上升至 63%。赔付率的上升有车辆零部件价格上升的因素，但是投保人和被保险人的欺诈也是导致机动车保险赔付上升的一项重要因素。

表 2-8　2001 年 - 2007 年我国机动车保险简单赔付率的变化

机动车保险	2007 年	2006 年	2005 年	2004 年	2003 年	2002 年	2001 年
	48%	54.1%	56.36%	56.10%	63%	57.30%	52.00%

（资料来源：中国保险年鉴，2000 - 2007）

（注：简单赔付率 = 已决赔款/保费收入，由于未考虑到未决赔案，未决赔款及准备金提取等因素，简单赔付率只能在一定程度上反映赔付水平。）

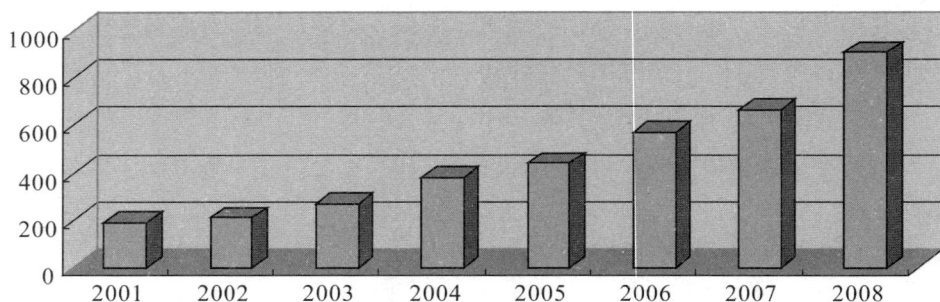

图 2 – 11　2001 – 2008 年我国机动车保险赔款支出（亿元）

（数据来源：《中国保险年鉴》（2001 – 2008），国研网 2009 年保险数据）

4. 机动车保险业务结构发生调整

2004 年机动车保险内部结构调整：调整险种结构，重点发展效益较好的摩托车及附加险业务，提高附加险业务的比重。

表 2 – 9　2003 年 – 2004 年我国机动车保险业务结构变化（亿元）

项目	年份	车损险	法定三者险	商业三者险	附加险	其他	合计
保费	2003	239.73	0.99	70.61	86.75	24.89	422.98
	2004	229.2	6.34	230.29	135.34	5.07	606.24
业务结构	2003	56.68	0.23	16.69	20.51	5.88	100
	2004	37.81	1.05	37.99	22.32	0.84	100
市场分险种保费估计数	2003	306.14	1.27	90.17	110.79	31.78	540.14
	2004	282.07	7.8	283.41	166.56	6.23	746.07
各险种增量市场占比%		– 11.69	3.17	93.84	27.08	– 12.41	– – – –

（资料来源：唐运祥，《中国非寿险市场发展研究报告 2004》，中国经济出版社，2005 年，第 78 页）

（注：中资公司的机动车保险一般占到非寿险总业务的 60% 以上，个别超过 80%，例如永安财产保险 2004 年机动车保险占比达 88.2%，外资公司，如民安机动车保险占比小于 40%，东京海上机动车保险占比 6% 以下。）

事实上，在条款和费率市场化之后，对于欺诈和赔付较高的险种、险别，保险公司必然有所调整，所以业务结构的变化是保险赔付和欺诈的一个隐性反映。

三、我国机动车保险欺诈

1. 我国机动车保险欺诈的方式分析

我国机动车保险欺诈的手法多种多样，有的在向保险公司提供的医疗药费证明、公安部门交通事故证明、修理清单中夸大其词，或无中生有，有的则自己伪造损失数据、单证等。从各保险公司发生的机动车保险欺诈案件来看，我国机动车保险欺诈方式主要集中在以下七种类型：

（1）修车厂利用技术壁垒实施欺诈。由于对索赔流程不熟悉，被保险人经常委托维修厂代为向保险公司索赔修理费用，但维修厂接到客户的受损车辆后，用较低档的材料为客户修理，以高档材料的价格向保险公司索赔，这样不同档次的材料费用差价成为修车厂欺诈空白点，而被保险人由于对机动车修理不了解，不能有效识别这种类型欺诈。

（2）修车厂故意制造事故实施欺诈。修理厂将正在厂里正常保养或修理的汽车换上旧配件、在修理期间制造假交通事故，甚至故意损坏后向保险公司索要高额保险金，更有修理厂通过更换汽车牌照，将其他未投保的车辆损失转嫁给投保机动车保险的车辆。

（3）被保险人①编造属于保险责任范围的事故向保险人索赔。事故性质本来属于保险人责任免除范畴，被保险人谎报案情欺骗保险人。例如车辆出险时存在酒后驾驶、无证驾驶等问题，但车主当时不报案，次日再索赔，使保险人无法掌握出险时的真实情况。

（4）被保险人利用重复保险实施欺诈。这里存在两种情况，一是被保险人经常用同一个事故，利用时间差和不同的经办人多次向保险人索赔；二是向不同的保险公司申请索赔。

（5）被保险人或修车厂伪造虚假单证实施欺诈。被保险人或其代理人（修理厂）以技术手段伪造交警事故处理证明，或疏通有关部门伪造证明。在已查处的保险欺诈案中，一些责任认定书、赔偿调解书、简易程序处理书、消防火灾证明、公安派出所证明存在问题，如开阴阳联或根本不留底，这些主管部门出具的伪证使得保险公司的查处难度加大。

（6）被保险人企图额外获利而实施的保险欺诈。例如，双方交通事故已得到对方的赔偿，或自己无责任但对方无力赔偿的，仍谎称单方事故向保险公

---

① 这里用被保险人这一概念，是基于机动车保险经营的特殊性，与人寿保险不同，机动车保险中一般没有受益人一说，同时，往往投保人就是被保险人。

司索赔。这种情形在保险欺诈案中较多，有些是在外地出险，已处理完毕，但回来后又以单方事故的名义向保险人申请索赔。

（7）被保险人制造单方面责任的交通事故，如将车故意撞向大型石块、桥栏、大树等，造成车辆损坏而向保险公司索赔。这种案例较多集中在夜间、年末或在驾车到外地等较难取证的地方发生。这种故意单方肇事由于没有对方证人，保险公司调查时会有一定的困难。甚至有的被保险人是因为本来车辆就有些小问题需要维修，因此故意制造事故损坏车辆，让保险公司支付其所有需要维修的费用。

2. 机动车保险欺诈的特点分析

机动车保险欺诈案件具有犯罪黑数高、职业化、团伙化等特点，与其他保险欺诈类型相比，机动车保险欺诈金额小、数量多，更难察觉。如上所述，机动车保险欺诈的手法层出不穷，但是，只要通过认真分析，不难发现这些欺诈中的共性[1]：

（1）避开出险事故的第一现场，增大保险公司查勘、定损的难度。大部分机动车保险欺诈案的报案人不在第一现场，一般都是在修理厂或已离开现场，这种情况下，保险公司无法从现场获得可能识别欺诈的痕迹。

（2）被保险人或受益人申请索赔时，神情、言语中流露出的异常情况。从心理学的角度来看，被保险人在申请欺诈性索赔时前后陈述往往不一致：被保险人报案时对出险经过的描述与后来调查时的当面陈述经常不相吻合，前后矛盾，闪烁其词。

（3）机动车保险欺诈方精通保险索赔要点。被保险人对机动车保险理赔有较为深入的研究，掌握索赔要点，对保险公司的整个理赔流程较为熟悉。另外在索赔时态度较为苛刻，如经常威胁要投诉等，以转移理赔人员的注意力，同时不愿意保险公司询问第一现场信息。

第六节　本章小结

本章主要介绍国际、国内机动车保险欺诈的现状。由于美国、英国、日本是国际上保险业发展比较完善的国家，同时，他们的机动车保险不论是险种、费率厘定、索赔系统、信息系统、保险的电子化程度等，均属于领先水平，本

---

[1]　陈跃兴、朱余庆. 机动车保险骗赔分析及对策［J］. 保险研究，2005，(6)：69－70.

章着重分析美国的机动车保险总体情况，美国机动车保险欺诈的现实处境，及监管机构和保险公司目前采取的反欺诈措施。另外，也分析英国和日本的保险欺诈状况。接着分析我国目前保险欺诈所采取的主要形式，并结合我国机动车保险制度的变迁过程，分析保险欺诈是如何演化和发展的。我国目前也采取了一些反欺诈的措施，例如，加强理赔单证的审核、各保险公司之间加强沟通，部分城市建立了机动车保险信息平台，同时个别保险公司开始采用独立调查人的方式对机动车保险索赔中的疑似案件进行处理。但是，与美国、日本及英国相比较，我国机动车保险欺诈从严重性上说，与国际 20% － 30% 的欺诈占比相接近，反欺诈措施上却相差甚远，这主要是由于我国机动车保险理赔流程中的管理不善、保险中的电子化程度不高、保险公司之间信息共享的不完善和不全面造成的。这些机动车保险经营中的不足，也体现在其他险种，例如人寿保险、医疗保险。本书以机动车保险为引子，旨在对整个保险市场中的欺诈进行研究。

第三章

我国机动车保险欺诈成因的理论分析

分析机动车保险欺诈产生的原因，是为了更好地识别及防范保险欺诈。以往的相关分析中，大多将欺诈归结为信息不对称下的道德风险，这种视角过于单一。本章从不完全合约的视角、经济伦理学的视角、微观经济中的风险－效用视角、信息不对称及博弈等角度来研究机动车保险欺诈产生的根本原因，并结合我国机动车保险的市场现状、理赔流程、车险条款等展开阐述。除基于机动车保险合同的分析外，其余的成因分析适用于其他险种。

第一节　机动车保险欺诈成因：基于不完全合约视角

一、不完全合约理论综述

所谓完全合约是指，缔约双方能够完全预见合约期内可能发生的所有情况，并自觉遵守双方签订的合约条款；当缔约双方对合约条款产生争议时，第三方能够强制执行。不完全合约（Incomplete Contracts）则是指，由于个人的有限理性、外在环境的复杂性和不确定性等不完美因素的存在，合约双方不可能详尽准确地将与交易有关的所有未来可能发生的情况及相应情况下的职责和权利写进合约。[①] 签订完全合约只是一种理想的状况，真实世界中的合约在绝对意义上都是不完全合约。

施瓦茨详细解释了信息的不可获得性和弱不可缔约性、强不可缔约性的概念。[②] 当合约方知道某些信息而第三方获得该信息的成本超出其收益时，信息被认为是不可获得的。反之，信息既是可获得的又是可确认的。当合约条款要

---

① 杨其静. 合同与企业理论前沿综述 [J]. 经济研究, 2001, (1): 80–87.
② 艾伦·施瓦茨. 法律契约理论与不完全契约 [C]. 契约经济学. 北京: 经济科学出版社, 1999.

求合约方以不可确认的信息为判断基础时，一个合约就被说成是"法律意义上的不完全"合约。当与合约相关的信息不可确认时，就称为合约的"弱不可缔约性"。当与合约相关的信息既是不可获得的又是不可确认的，一个合约事宜就被称为"强不可缔约性"。弱的不可缔约性或强的不可缔约性存在时，一个合约就"注定是不完全的"合约。如果合约是不完全的，就暗含了合约纠纷或违约契机。经济学家将前三种原因引发的不完全合约称为"通常意义上的"不完全合约。如果假定存在一个公正的法律体系，能便利私人订约，并运用通用的政治原则（施瓦茨，1999），那么，法庭可以完善这类不完全合约，或可以通过再协商及一些其他的方法来完善此类合约。但对于后两种原因引发的不完全合约，即"注定不完全"合约，法庭无法判断，经济理论和法理对其均没有更好的制度安排或解决方案。信息不完全和专用性投资是产生"注定不完全"合约的根本条件。当有限理性和交易成本太高所产生的信息不完全和追求利益最大化所产生的机会主义行为导致道德风险和逆向选择时，当合约方互有专用性投资而引起敲竹杠和租金现象时，一个"注定不完全合约"就产生了。

经济学家把围绕格罗斯曼和哈特①、哈特和摩尔②提出的概念框架（称为GHM分析框架）发展起来的经济理论称为"不完全合约理论"。不完全合约理论并不要求用有限理性构造合约关系理论，相反哈特等人认为对交易成本理论中的有限理性进行模型化极为困难，所以他们认为合约不完全的基础在于多种变量的不可证实性，即"可观察但不可证实"，也即哈特所说的双方必须能够相互交流，而且要能够与对签约各方运作环境可能一无所知的局外人进行交流时合约才可能是完全的。事实上，在很多机动车保险及医疗保险的纠纷中，保险公司对于疑似欺诈案件，因为无法重复欺诈现场，要向司法机构证实欺诈，其信息的获得几乎是不可能的。在再谈判的成本为零的前提下，GHM分析框架的结论就是选择某种最小化事前非效率的合约结构，并不考虑签约以后再谈判所引起的非效率性。威廉姆森对此提出批判，这种批评主要是针对再谈判成本为零，因为它将所有事后的不确定性都省略了，忽略了交易关系是一个持续的过程，进而忽视了事后的适应性问题。实际上在机动车保险欺诈与反欺诈的

---

① Grossman, S. and Hart, O. *The costs and benefit its of ownership*; *A theory of vertical and lateral integration* [J]. Political Economy, 1986, 94: 691 – 719.

② Hart, O. and Moore, J. Property rights and the nature of the firm [J]. Journal of Political Economy, 1990, 98: 1119 – 1158.

博弈分析中可以看到，保险不是一次性的，而是每年续保的。由此，此处分析更倾向克瑞普斯（Kreps，1990）在其理论中强调的：在合约不完全条件下当事人双方的调整过程。克瑞普斯认为，声誉的建立不要求双方保持长久的交易关系，只要一方是长期存在的，同时市场中其他交易者可以观察到他的行为，就足以使声誉发挥作用。在机动车保险中，如果有完善的信息共享平台，则投保方的一次欺诈将会被记录，再续保或到其他保险公司投保时，保险人就可以采取惩罚措施，但是这要求保险人对第一次欺诈谨慎识别。

二、机动车保险合约的不完全性

目前国内保险市场上使用的机动车保险合同一般由保险单、保险条款、投保单、声明、批单以及其他书面协议等共同构成。由于保险业是一种专业性极强的行业，保险合同是一种格式合同，具有固定的格式和内容，加之我国保险业发展时间不长，发展速度很快，投保方和保险方双方对保险知识的了解存在严重的不对等，因此缔约的机动车保险合同具有很大的不完全性。

1. 保险专业术语的限制

保险专业术语的限制导致合约的不完全在保险合同中表现得十分突出。据北京市保监办披露的一份市场调查文件表明，高达 75 % 的投保人不清楚自己所投保险条款的具体含义，对于自己应当享受哪些权利也不甚明了。[1] 专业用语太多，导致投保人误解。在长期的发展过程中，保险业产生了许多专业用语和习惯用语，也移植或借用了很多其他行业的专业术语，这些术语的含义不同于一般生活用语。例如，机动车保险中的"第三者"，就有特殊含义。

2. 投保人知识和能力导致的疏忽

疏忽对于缔约各方都是不可避免的。由于保险业具有很强的专业壁垒，投保人并不十分熟悉和了解保险知识，与保险公司洽谈协商保险合同难度较大，而且容易疏忽一些重要内容。英国学者伊特扬认为，随着调整特定契约的详细规则如买卖、代理、保险等的拟定趋于标准化，法律也日益趋向于标准化。其结果也使当事人的真实意旨变得越来越不重要。从这种意义上来说，投保人放松对标准化合同的警惕、放弃进一步完备合同条款的要求而导致疏忽是完全可以理解的。另外，有些疏忽可能是一方故意行为而未被对方察觉，严格说来，这是属于隐藏知识的行为，也是导致疏忽的重要原因，例如投保方对车辆状况

---

① 左顺根、左挥师. 论保险合同的不完全性与履约障碍 [J]. 商业经济，2004，(1)：114.

的未如实告知。

3. 与保险合约相关的法律成本太高

当当事人的一方能预见到解决由某种因素导致的合约纠纷的成本太高时，就有利用该因素谋取不正当利益的激励。此时，即使对方察觉到了这种倾向，也有可能由于签约前的信息成本太高和违约后解决纠纷的成本太高而不得不听之任之。《保险法》对投保人不履行如实告知义务的法律后果作了相应规定。投保人故意未履行如实告知义务的，保险公司有权解除保险合同。同时，保险公司对于保险合同解除前发生的保险事故，不承担赔偿或者给付保险金的责任，并不退还保险费；投保人过失未履行如实告知义务，足以影响保险公司决定是否承保或者提高保险费率的，保险公司有权解除保险合同，在保险合同解除前发生的保险事故，不承担赔偿或给付责任，但可以退还保险费。

虽然有了法律依据，但在保险理赔实务中，理赔人员在认定投保人违反告知义务的性质上，常常难以把握。进行大量的调查取证既花费太多，也可能于事无补，拿成本与收益一比较，还不如认定其为过失。如投保人在投保时健康告知项目没有如实填写，在发生保险事故申请赔偿时被理赔人员发现，此时，投保人往往提出其根本没有注意到投保单的健康告知栏目。由于鉴别这种行为是故意还是过失的成本太高，理赔人员通常只能认定其为过失所致。这种处理方法常常诱发投保人的故意行为。

4. 信息不对称导致的保险逆选择和道德风险

在市场交易中信息总是不对称的，即契约的一方拥有另一方不知道的信息。从不对称信息的内容看，它既包括参与人的行动，也包括参与人的知识。在某些场合，一方拥有的私人信息是某种他人无法控制的外生信息，这种情况就是隐藏信息。在另一些场合，私人信息则是内生的，是一方某些不被另一方观察到的行为。这种私人信息存在于保险交易的各个层面，如保险公司对投保人的了解远不如投保人对自己的了解，潜在地，投保人总比保险人更清楚自己会在哪些方面遭受损失。

三、不完全合约与机动车保险欺诈

保险合约的不完全性往往容易诱致机会主义欺诈。对此，威廉姆森①将机会主义说成是在信息不对称条件下用欺骗手段寻求自利的行为，而米切尔·克

---

① Williamson. O. E, the economic institution of Capitalism, New York：Free press, 1985.

罗吉尔则给了一个更宽泛的定义："人们在任何情况下都要利用所有可能的手段获取他自己的特殊利益的倾向。"①（Michel Crozier，1964）其实，机会主义倾向符合经济人追求自身利益最大化的经济学假设。当执行合约的成本高于违约成本或执行合约收益低于违约收益时，合约双方均有违约的机会主义倾向。威廉姆森（Williamson，2001）将这种机会主义的手段分为三种：明目张胆的、狡诈的和自然的。当合约人可以不受惩罚撕毁合约的时候，合约人的违约行为就是明目张胆的。狡诈的违约形式则很有策略性，也被说成是为谋求私利而进行欺骗。

保险合同不同于一般的经济合同或商业合同，它具有行为上的最大诚信原则、形式上的附合性、保障性、经济补偿性（或给付性）、射幸性等法律特征。也就是说保险合同在履约代价上具有对价但不对等性，并且非定值保险还具有赔付或给付金额上的待定性。如此特殊的且不完全的保险合同存在很多履约障碍，给保险欺诈留下空间，具体表现如下：

1. 理赔过程中对合约监督的障碍

保险公司在赔偿或给付保险金过程中，通常会遇到很多难以判定的理赔情况，同时，由于举证的困难，保险公司又不能拒绝赔付，这给了投保方实施保险欺诈的可能性。例如投保人不积极防灾防损，出险后不积极施救，甚至有些投保人故意制造保险事故，以期在索赔中获益。当保险标的的危险程度增加时，投保人应及时通知保险公司，并就新情况进行再协商，或投保人增交保费，或保险公司要求解除合同。这对投保人而言都是不利的，因而投保人就产生了机会主义动机，不告诉保险公司真实情况，待出险后再做相应掩饰，以欺诈保险金。此外，通过上述克瑞普斯对声誉机制的讨论，如果被保险人在实施欺诈后，次年转换新的保险公司，同时，保险公司之间信息不畅（我国目前机动车保险属此情况），则对其过往的履约状况无法了解，那么考虑声誉机制下的博弈均衡将不存在，一次性的效用最大化成为唯一的均衡解，即通过欺诈获得额外利益是可能的均衡值。

2. 对不可预见情况的理解存在分歧

机动车保险往往是一年期的，在机动车保险履约过程中，有些履约障碍是可以被合理预见的，有些是外界不可抗力等因素造成的。凡带有明显不可缔约性的合约，法院将免除其履约责任。如我国《合同法》规定，因重大误解订

---

① 奥利弗·威廉姆森. 治理机制 [M]. 北京：中国社会科学出版社，2001.

立的、在订立时显失公平的和因不可抗力不能履行合同等情况可以免除履约责任。但是，法院并未就另外一些不可缔约性合约指定免责条款，这些合约条款可称之为"法定不可预见的"。当此类不可预测的情况发生时，法院应该免除其履约责任（或部分免除）。但是，由于此类事件的可观察性和可确认性较差，法院对此的反应是不一样的或者无能为力的。在创新型的机动车保险产品中，财产保险公司对投保标的出险情况比较陌生，在条款制订上通常难以考虑周全，而且这些产品发生的保险事故通常金额难以估算，当由情理和法理上均认为应该作为免除责任来考虑的因素引起保险事故时，如果法院不能部分或全部免除保险公司的履约责任，则可能有失公平，并导致投保方利用这种合同理解上的分歧实施保险欺诈。

3. 法律在解决不完全合约上的障碍

大量经验资料显示，法律对于处理不完全合约，尤其是"通常意义上的"不完全合约，有许多的经验和方法，并为合约的完善做出了巨大的贡献。但是，司法活动也受到如下限制：（1）法庭拥有的信息不比合约双方多，实际上可能更少；（2）对于某些特定问题，法律可能不如合约双方有经验；（3）法庭可能有自己的逻辑或目标；（4）法律本身就是一个不完全合约。法律的不完全性将潜在的相当大的裁决权交给了实施法律的人们，从而引起了法律的意向是否被实施的争议。[①] 现实中的保险纠纷处理，很多法院因为对保险行业不熟悉，未能很好地理解《保险法》的条款内容和法理逻辑，而遇到执法上的困难。例如上海法院和深圳法院都曾审理过一个无有效驾驶证的交通事故案件，却作出了完全不同的判决。深圳法院认为，持实习驾驶证在高速公路上驾驶违反了交通法规，实习驾驶证失去了效力，属于保险条款规定的"无有效驾驶证"，该意思在保险条款上表述很清楚，因而判定被保险人败诉。而上海法院则认为"无有效驾驶证"表达意思不清楚，被保险人难以理解持实习驾驶证在高速公路上驾驶属于"无有效驾驶证"，虽然保险条款的规定很明确，但保险公司没有把保险条款解释作为合同的附件交给被保险人，因此作出有利于被保险人的判决。对于"注定不完全合约"所产生的纠纷，法庭裁决是相当困难的甚至是不可能的。对于某些尽管可执行、但执行的费用太高的合约，法庭一般会放弃执行。另外，当法庭执行费用或者诉讼费用高于标的物价值时，合约当事人倾向于不要求法庭执行，转而变为私下解决。另外，当前我

---

① 琼·泰勒尔. 评论 [C]. 契约经济学. 北京：经济科学出版社，1999.

国司法制度不健全，司法随意性比较大，"人情司法"比较严重，诉讼费用高，拖延时间长，也极大地降低了司法效率。

第二节 机动车保险欺诈成因：基于经济伦理学视角

一、经济伦理学与机动车保险最大诚信原则

1. 经济伦理学的界定

所谓经济伦理学是从经济与伦理内在逻辑联系中历史地、全面地、辩证地研究经济现象中伦理道德发生、发展、变化的基本规律，以及人们在经济活动中的价值取向的一门学问。[①] 经济伦理学引导着经济中的各项活动。经济活动具有一些普遍的、共同遵守的原则，但是，每一项经济活动还有根据自身的特点制定的、或者自然形成的行为规范。

诚信这个概念是来源于道德伦理领域，是道德向经济延伸的一个外延扩展。在中国的传统文化中，诚信被视为道德伦理的准则，是对人类行为的规范要求，是内在诚实品德与外在不欺诈行为的统一。[②] 诚信作为经济主体间交往行为的规则及制度，既是道德范畴的选择，又是一种经济利益的选择。建立诚信制度，是我国保险业经营的基石。在各国的保险经营中均规定有"最大诚信原则"。可以说，在保险经营中，最大诚信原则就是经济伦理在保险实践中的具体应用。

2. 最大诚信的界定

诚实信用原则是我国经济活动中重要的原则，保险经营中对诚信有更高的要求，称之为"最大诚信原则"。最大诚信原则是指：保险合同当事人在订立合同时及合同有效期内应该依法向对方提供影响对方是否缔约以及缔约条件的重要事实，同时绝对信守合同缔结的认定与承诺，否则受害方可主张合同无效或解除合同，甚至要求对方赔偿因此而受到的损失。[③] 我国《保险法》第四条规定："从事保险活动必须遵守自愿和诚实信用的原则。"

3. 机动车保险遵循最大诚信的原因

---

① 陈宝庭、刘金华．经济伦理学［M］．大连：东北财经大学出版社，2001：35.

② 孙蓉．中国保险业发展的伦理维度与道德基础［R］．台湾：海峡两岸风险管理与保险学术研讨会，2006.

③ 王绪瑾．保险学概论［M］．北京：中央广播电视大学出版社［M］，2004：47.

保险经营要求最大诚信原则，这与保险经营的特殊性有关。在机动车保险中，投保方和保险方无论是投保前、投保时还是保险的有效期内，都必须遵循最大诚信原则，因为：

第一，信息的不对称。被保险车辆的性质和投保人的风险程度决定了保险公司是否承保，以及以多少费率给予承保，而投保人对自己的车辆状况最为了解，保险公司只能根据投保人对车辆和自身驾驶水平的描述来决定是否承保，因此，要求投保人在投保时如实告知风险状况，以便保险公司作出正确的判断。

第二，保险合同的附和性。保险合同与一般商务合同不同，它由保险人事先拟定好，投保人接受或者不接受。这种情况下，鉴于保险合同的技术性较高，保险条款和保险费率的厘定蕴含复杂的精算过程，投保人是否投保取决于保险人是否如实地解释保险合同，所以，在机动车保险经营中，也要求财产保险公司对保险合同进行解释。

4. 机动车保险中最大诚信的具体要求

机动车保险中，最大诚信原则要求投保人和被保险人做到如实告知和保证两项要求，具体分析如下：

（1）如实告知

如实告知是指，投保人或者被保险人在机动车保险合同缔约前或签订保险合同时以及在保险合同有效期内应当尽量将已知和应当知道的与投保车辆有关的重要事实告知保险人。《保险法》第十七条、第十八条对重要事实作了界定：投保人故意隐瞒事实，不履行如实告知义务，或者因为过失未履行如实告知义务，足以影响保险公司决定是否承保或提高保险费的，保险公司有权解除保险合同；投保人故意不履行告知义务，保险公司对于合同解除前发生的保险事故，不承担赔付保险金的责任，并且不退还保险费；投保人因过失未履行如实告知义务的，对保险事故的发生有严重影响的，保险公司对于保险合同解除前发生的保险事故，不承担赔付保险金的责任，但可以退还保险费。

《机动车交通事故责任强制保险条例》规定，投保人投保机动车第三者强制保险时，应当向保险人告知重要事实。在机动车保险中，重要事实是指与投保车辆相关的足以影响保险人是否承保以及承保的费率的事实，包括：机动车的种类、厂牌型号、用途、识别代码、牌照号码、使用性质和机动车所有人或者管理人的姓名（名称）、性别、年龄、驾驶范围、驾驶员的状况、事故记录、住所、身份证或者驾驶证号码（组织机构代码）、续保前该机动车发生事故的情况以及保监会规定的其他事项。

（2）保证

保证是指投保人或者被保险人在保险期间对某种事项的作为或者不作为、存在或不存在的允诺。事实上，保证可以看作是投保人或者被保险人就某一事项对保险人作的担保，而这种作为或者不作为往往与风险的增大相关。例如，在机动车保险中，保险人一般要求被保险人保证不酒后驾车，如果被保险人违反了这项保证，则由此产生的损失保险人不予赔付。

二、诚信弱化与保险欺诈

在机动车保险经营中越来越注重投保人和被保险人的诚信，但是，实践中投保人和被保险人的诚信却在弱化。

由于我国目前并未对保险欺诈进行系统的统计，以下数据来自美国的ISO，以及英国的ABI资料整理而成。

表 3 - 1　英国民众诚实度调查

不诚实行为/ 犯罪行为	未来不排除 有此行为	此行为 可接受	曾有过此 行为
贩卖走私的烟酒	48%	48%	5%
夸大保险索赔	47%	40%	6%
购买盗窃物品	44%	36%	8%
食用软毒品	38%	43%	12%
虚构保险索赔	37%	29%	2%
偷窃商店物品	31%	29%	2%
酒醉驾车	30%	20%	9%
使用他人信用卡	26%	6%	2%

（数据来源：英国ABI 2003年工作报告"Facts of Fraud"）

诚信的弱化对保险欺诈的影响是显而易见的，表中显示：夸大保险索赔被40%的被调查者认为是可以接受的。事实上，夸大索赔的保险软欺诈已经成为保险欺诈中的重要组成部分。虽然与故意制造保险事故相比，夸大索赔更为轻微，但是如此大的比例却也使得这种被保险人不经意实施的软欺诈动摇保险人的财务稳定性。

保险诚信是防范保险欺诈的一条重要防线，但是，越过防线，不诚信的行为并不意味着保险欺诈，二者有如下三方面区别：

1. 保险欺诈大都发生在理赔阶段，而保险不诚信行为可以是投保阶段，也可以是理赔阶段。

2. 保险欺诈从根本上说，是为了获得不当得利，所以是一种有意识的行为，而保险不诚信，可能是一种疏忽导致的后果，不一定与获利有关。

3. 度量保险欺诈的程度是量化的指标，并且常常以是否触犯刑法或者数额的大小来定夺，但是保险不诚信更多的是一种不能量化的行为。

三、基于保险人不诚信引致的欺诈分析

保险诚信应该是一种互动的行为，它需要保险人和投保人（被保险人）之间的互为诚信，如果一方有不诚信的行为，将影响保险合约的执行，以及未来新合约的缔结。

湖北省消费者委员会公布的"保险业问卷调查报告"显示：在发出的5000份问卷中，有80%以上的人认为买份保险很重要，但是，34%的人认为保险公司有强制保险的行为，只有4.8%的人认为出险时保险公司能够完全按照条款赔付。这充分说明，投保人和被保险人对保险人的诚信度降低。[①] 另外，2005年，关于保险霸王条款的争论也是沸沸扬扬。在这个以最大诚信为经营原则的经济领域，保险人自身的诚信受到了严重的挑战。以至于2005年全国保险工作会议上提出"加强我国保险诚信制度建设"。同年，中国保险行业协会和中国保险学会开始进行《保险诚信读本》的编写工作。这些都说明，我国保险的诚信问题已经提上重要议程。

投保人和被保险人对保险人诚信的怀疑，以及对保险理赔的怀疑是引致保险欺诈一个重要的原因。保险的基本职能是对出险的标的进行补偿。如果是足额保险，则要求对出险标的补偿至出险以前的状态。可是，由于保险经营中免赔额以及责任免除的限制，有一些风险、一些损失不属于保险责任的范畴，保险人是不进行赔偿的。对于这些免除，由于投保人对条款不理解，导致误认为保险公司是逃避赔付责任。在机动车保险中，当机动车出险时，500元以下的损失保险公司是不进行赔付的，被保险人觉得交了保险费，出险时却得不到赔偿，由此就会对保险人的诚信产生怀疑。通过学习效应，下回出险时，被保险人就会适当夸大保险标的的损失，这可能不是出于获得额外收益的动机，而是出于获得完全补偿的动机，这也就是保险欺诈中的软欺诈。例如，2000元的损失，因为有500元是属于绝对免赔额范畴的，保险人实际应该赔付的额度是

---

① 孙蓉. 中国保险业发展的伦理维度与道德基础 [R]. 台湾：海峡两岸风险管理与保险学术研讨会，2006.

1500 元，而被保险人为了获得足额补偿，需要转嫁这 500 元损失，就可能将损失的实际数值夸大到 2500 元，这样扣除 500 元的绝对免赔额之后，能得到 2000 元的赔付，正好使所有的损失都得到补偿。这是一种出于保险补偿的欺诈。事实上，这种软欺诈在各个国家都占据较大的比重。

为什么这当中会有基于保险条款产生的补偿性欺诈呢？如果投保人在投保时就知道有免赔额，就可以通过购买"不计免赔额"的险种来规避免赔产生的损失。但是，在保险营销当中，保险营销员在解释保险产品时，出于获得客户投保的想法，往往夸大机动车保险的保障范围，往往将免赔条款和责任免除条款进行有意的疏忽，使得投保人认为只要购买保险，所有的损失保险公司都会进行赔付，一旦实际发生损失，保险人对部分免责的损失不赔付的时候，被保险人就会产生受骗的念头。这种机动车保险欺诈就是基于保险人的不诚信产生的投保人和被保险人的不诚信的一种反应。

保险对诚信的要求从投保时开始，到保险合约结束。在机动车保险中，从投保时开始，代理人就被要求对保险条款进行详尽解释，尤其是免责条款，我国《保险法》规定，代理人不对免责条款进行解释的，发生纠纷时，投保人有权解除合同；而投保人也被要求对自己的车辆和驾驶情况进行如实告知。事实上，这是一种双务合同。诚信就是双方的基础，一方的不诚信就会使缔约的另一方产生基于不诚信的机动车保险欺诈。

第三节　机动车保险欺诈成因：基于风险－效用理论视角

以往对保险欺诈的研究中，均没有区分商业险和强制险。本书引入微观经济学中的风险－效用理论，将强制险与商业险分离开来分析，得到不同的欺诈成因，对其后的识别和反欺诈都能起到指导作用。

一、商业机动车保险概述

随着经济的发展，机动车在人们生活中发挥着重要作用。据交通管理部门统计，至 2008 年底全国机动车保有量为 1.7 亿辆，比 2007 年增长 6.33%，机动车驾驶员为 1.8 亿人。2008 年全国共发生道路交通事故 265204 起，造成 73484 人死亡、304919 人受伤，直接财产损失 10.1 亿元。机动车保险关系到数亿人的安危，成为关系国计民生的重要险种。一方面，它保障被保险人和机动车驾驶员的利益；另一方面，在交通事故中，它为受害的第三方提供经济保障。因此，机动车保险经营的好坏直接关系到亿万民众的福利。

近五年全国交通事故起数和死亡人数

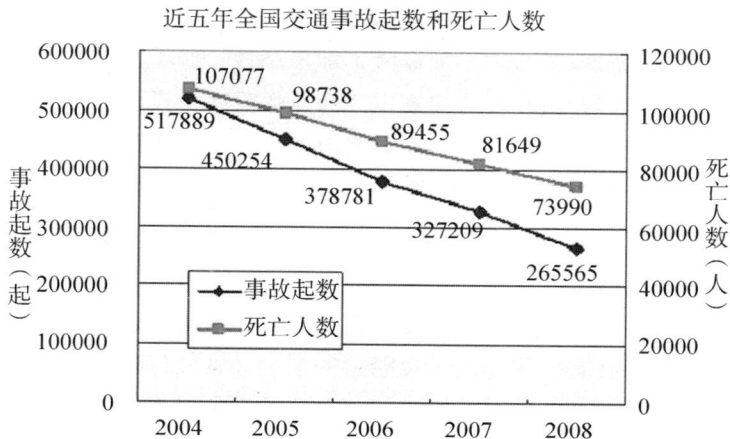

图 3-1　2004-2008 年全国交通事故状况

（数据来源：中华人民共和国公安部交通管理局 2009 年 1 月发布的《2008 年全国道路交通事故情况》，www. mps. gov. cn. ）

我国的机动车保险，经过二十多年的发展，形成了强制保险和商业保险两种互相补偿的体系。

1. 机动车保险中的商业险

商业保险也称为自愿保险，由单位和个人决定是否参加保险，保险双方采取自愿方式签订保险合同，保险人可根据情况决定是否承保，被保险人也可以中途退保。机动车保险中，除了国家规定的机动车交通事故责任强制保险外，其余的险别都属于商业保险性质。

机动车商业保险包括基本险和附加险，其中基本险主要指：车辆损失险和第三者责任险；附加险主要指：全车盗抢险、车上责任险、无过失责任险、车载货物掉落责任险、玻璃单独破碎险、车辆停驶损失险、自燃损失险、新增加设备损失险。

2. 机动车保险中的强制险

（1）强制保险的界定

强制保险又称为法定保险，是由法律规定必须参加的保险。保险一般都实行自愿原则，但是对少数危险范围较广，影响人民利益较大的保险标的，则应实行强制保险。① 强制保险有两项基本的特点：第一，投保对象的强制性。属于相关法律规定的对象都必须参加保险，即强制性，而不是遵从投保人自愿的原则。第二，保险金额由相关法律规定。商业保险中，投保人能够自愿选择投保的额度，但是强制保险的基本额度对所有的投保人是相同的。

（2）机动车保险中的强制保险

我国机动车保险中的"机动车第三者责任险"有两部分，其中一部分是国家推行的强制保险的方式。② 机动车交通事故责任强制保险，即交强险，是指由保险公司对被保险机动车发生道路交通事故造成本车以外的受害人的人身伤亡、财产损失，在责任限额内予以赔偿的强制性责任保险。交强险制度是以被保险人对机动车道路交通事故中的第三者所遭受的损失依法应当承担的赔偿责任为保险标的的法定保险。交强险中的投保人是指与保险公司订立三者险合同，并按照合同负有支付保险费义务的机动车的所有人或管理人。被保险人是指投保人及其允许的合法驾驶人。这里的第三者，是指被保险机动车发生道路交通事故的受害人，但不包括被保险机动车本车人员及被保险人。

国务院 2006 年 3 月颁布的《机动车交通事故责任强制保险条例》规定，交强险在全国范围内实行统一的分项责任限额。限额标准由保监会会同公安部、卫生部和农业部制订。此后，保监会会同相关部门深入研究，结合我国国情，综合考虑新的法律环境影响及消费者的实际支付能力等各种因素，确定了目前的 6 万元责任限额方案。③ 保监会于 2006 年 6 月公布了机动车交通事故责任强制保险（简称交强险）的责任限额标准，即全国统一定为 6 万元人民币。在 6 万元总的责任限额下，实行分项限额，具体为死亡伤残赔偿限额 5 万元、医疗费用赔偿限额 8000 元和财产损失赔偿限额 2000 元。此外，被保险人在道路交通事故中无责任的赔偿限额分别按照上述限额的 20% 计算。

交强险责任限额是指被保险机动车在保险期间（通常为 1 年）发生交通事故，保险公司对每次保险事故所有受害人的人身伤亡和财产损失所承担的最高赔偿金额。6 万元的责任限额意味着，2006 年 7 月 1 日起，每辆机动车都必

---

① 许谨良. 保险学原理 [M]. 北京：高等教育出版社，2005：68.

② 在我国保险学术界中，一般将"机动车第三者责任强制保险"简称为"交强险"，而将一般的第三者责任保险简称为"三者险"或"三责险"。

③ 根据我国保监会对 6 万元额度设定的解释：根据 2001 年至 2004 年机动车三者险赔偿数据分析，在 6 万元总责任限额下，"5 万元/8000 元/2000 元"的分项限额可以覆盖约 60% 的死亡伤残赔案、70% 的医疗费用赔案和 65% 的财产损失赔案，可以解决大部分交通事故的赔偿问题。

须投保 6 万元的第三方责任险，以保证交通事故中受害人能获得 6 万元的基本保障。

交强险作为在全国范围内施行的一项强制保险制度，它主要承担广覆盖的基本保障功能。对于车主更多样、更高额、更广泛的保障需求，可以通过自愿购买商业三者险等方式来实现。也就是说车主可以单独购买一份 6 万元限额的交强险，也可以根据自身的支付能力和保障需求在交强险基础之上同时购买 5 万、10 万、20 万、30 万、50 万以至 100 万元以上等不同档次限额的商业三者险。

3. 比较

机动车商业险与强制险的区别：

（1）立法目的不同。机动车商业险的目的是保护被保险人的利益，转移被保险人在出险时的损失及对第三方的经济赔偿责任；而强制三者险的立法目的在于保护受害人，避免受害人限于肇事方的经济能力而得不到补偿。

（2）经营模式不同。机动车商业险的投保是以自愿为前提，保险公司经营此业务是以盈利为目的；而强制三者险是强制投保的，保险公司不以盈利为目的。保险公司同时经营商业险和强制三者险的，必须将强制三者险的业务分开管理，单独核算。

（3）法律要求不同。机动车所有人及管理人是否投保商业险，以及投保的额度是由投保人自行决定的，完全取决于投保人和保险人之间订立的保险合同；而强制三者险，是出于法律的强制规定，所有的机动车所有人及管理人都必须投保，保险公司也不得拒绝承保。

（4）承保责任范围不同。为了防范被保险人的道德风险，机动车商业险有一些责任免除条款，例如，对酒后开车、无证驾驶、故意撞人等违法犯罪行为不予承保；而强制三者险，在其责任限额范围内不再探究被保险人是否有过错，只要是被保险人因为道路交通事故造成第三者受害，保险人在责任限额范围内都予赔付，超过部分由当事人承担赔偿责任。也即，强制三者险对于被保险人的酒后开车，无证驾驶，故意撞人等违法行为造成的责任也进行赔付。[①]

（5）索赔主体不同。机动车商业险中，只有被保险人享有保险金的请求权；强制三者险中，受害方的第三者享有直接向保险公司请求赔偿金的权利。《中华人民共和国道路交通安全法》第七十六条规定，保险公司可以直接向

---

① 编写组. 机动车交通事故责任强制保险条例解读与案例指引 [M]. 北京：法制出版社，2006：15.

受害人给付保险金。

（6）条款和费率的制定方式不同。机动车商业险是基于盈利的目的自愿签订的保险合同，因此，条款和费率的监管较为宽松；而强制三者险的条款由保险监管机构统一制定和颁布，各保险公司统一使用。《机动车交通事故责任强制保险条例》规定，保监会按照机动车交通事故责任强制保险业务总体上不盈利不亏损的原则审批费率。

二、机动车商业险的风险－效用分析

1. 机动车保险中的不确定性分析

早在 17 世纪，就有将不确定性引入消费者行为的分析。1944 年，冯·诺依曼与摩根斯坦共同解决了引入不确定性之后进行消费者行为的预测。这里的不确定性是指"行动结果总是被置于某种概率 P 之下"。① 机动车保险中，这种不确定性对被保险人体现在：首先，被保险的车辆是否出险是不确定的；其次，出险时被保险车辆造成多大程度的损毁是不确定的；最后，造成的损毁中，多大份额属于保险人保障范畴也是不确定的。这意味着，机动车保险中，对被保险人而言，不确定性之间是层层递进的。

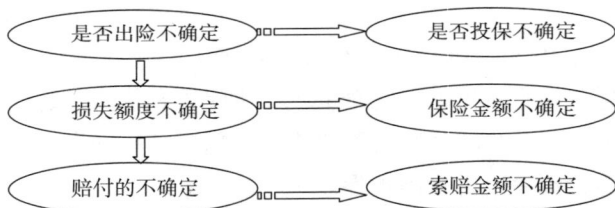

图 3－2　投保人面临的多重不确定性

那么在这种不确定性条件下，对于商业性的机动车保险，投保人和被保险将决定：首先，是否选择机动车保险；其次，投保时选定多少保险金额；最后，如果出险的话，索赔的额度是多少。

2. 风险规避程度与保险金额的选择

首先研究投保人是否投保机动车保险，这里采用微观经济学中风险效用的分析方法。

引入冯·诺依曼期望效用（VNM）

---

① 平新乔. 微观经济学十八讲 ［M］. 北京：北京大学出版社，2004：53.

$$U(x) = Pu(A) + (1-P)u(B)$$

假设机动车投保人为风险规避型，并且其保险金额大小受风险规避程度的影响。这里先做一个界定，设效用函数 $U(x)$ 满足 VNM 效用函数，那么对于 $g = (p_1a_1, p_2a_2, p_3a_3, \cdots\cdots p_na_n)$，满足下列条件：

（1）如果 $U(E(g)) > U(g)$，则称机动车保险投保人为风险规避型

（2）如果 $U(E(g)) = U(g)$，则称机动车保险投保人为风险中性

（3）如果 $U(E(g)) < U(g)$，则称机动车保险投保人为风险偏好型

其中，

$$U(g) = \sum_{i=1}^{n} P_i U(a_i)$$

风险规避程度的数学刻画：

$$R_a = \frac{-U''(w)}{U'(w)}$$

根据微观经济学的原理可得，效用函数的曲线如果越凹，并且凹度越大，则表示机动车投保人越是倾向于规避风险；反之，如果凹度越小，则风险规避的程度越小。数学上，曲线的凹度可以用函数的二阶导数来表示，并且通过让二阶导数除以（U'）得到一个衡量规避程度的数学刻画。

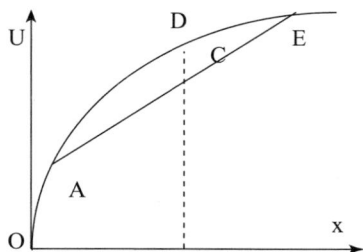

图 3 - 3　风险规避型机动车投保人的效用函数

设一个风险规避型的机动车保险投保人，其效用函数满足 VNM 性质，假定发生交通事故时，其机动车的损失为 L，并且，假定遇上交通事故的概率为 $a \in (0, 1)$ 机动车投保时的价值为 W_0，P 表示机动车保险的费率，为了简化分析，这里的费率是一个标准单位的保险金额对应的费率，则在保险公司期望利润为零时有：

$$a(P-1) + (1-a)P = 0$$

$$aP - a + P - aP = 0$$

解得：$p = a$　　　　　　　　　　　　　（1）

实际上，在保险经营中不可能采取 $P = a$ 的费率。因为：出于精算技术水平的考虑，财产保险公司不可能精确地计算出每部车的出险概率，保险经营符合的是大数法则，而不是单个标的的精算；其次，机动车保险中，出险的概率 a 既取决于机动车的性质，也取决于被保险人在驾驶过程中的人为因素，因此，投保时，这种精确的 a 是不能测算的；最后，出于保险经营成本的考虑，保险公司必须将营业费用、赔付的波动等相关因素考虑进去。

$$P = a\ (1 + \omega) \tag{2}$$

在一般的微观经济分析中，可以采用下列的风险效用函数来分析投保人的保险选择：

$$aU(W_0 - Px - L + x) + (1 - a)U(W_0 - Px)$$

将上述公平费率时的（1）式代入，有

$$aU(W_0 - ax - L + x) + (1 - a)U(W_0 - ax) \tag{3}$$

这里，a 表示发生交通事故的概率

W_0 表示投保时机动车的价值

X 表示保险金额

L 表示发生交通事故时投保车辆的损失

根据求极值的原理，对上式求一阶导数，这里 x 保险金额视为变量，可得：

$$(1 - a)aU'(W_0 - ax - L + x) - (1 - a)aU'(W_0 - ax) = 0$$

两边同时除以 a（1 - a）得，

$$U'(W_0 - ax - L + x) = U'(-ax)$$

因为这里假设效用函数是严格凹函数，即 $U'' < 0$，从而 U' 是单调函数，那么效用相等的时候意味着，两边车辆的价值是相等的

$$故有\quad x = L$$

这说明，对于机动车的投保人来说，为了维持不变的效用水平，必须根据出现交通事故可能造成的机动车损失额的大小，投保相应的保险金额。由此可得：

（1）发生交通事故时，机动车损失更大的，投保的保险金额也应该更高。在机动车保险实践中，同样的碰撞事故，低价车损失较少，而高档车损失较大，所以，投保时保险金额常常依据机动车的市场价值来确定。

（2）相同价值的机动车，但是不同风险偏好的投保人。风险规避程度越大的投保人，其购买的保险金额越高，而风险规避程度越小的投保人，其购买

的保险金额相对较少。

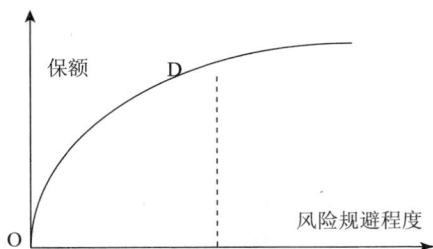

图 3 - 4　风险规避程度与保险金额的确定

3. 免赔额的引入与保险软欺诈的产生

上述结论是基于理论推导得出的，但是机动车保险实践中，有一些因素需要加以考虑，例如绝对免赔额的设立，根据 2004 年新版的中国人民财产保险公司保单规定，机动车出险时，采取 500 元以下的绝对免赔额，即在损失 L 中，当保险金额为 x 时，出险赔付为：

$$x - 500 \quad 引入（3）式有$$

$$aU(W_0 - ax - L + x - 500) + (1 - a)U(W_0 - ax)$$

求风险效用函数的一阶导数得：

$$U'(W_0 - ax - L + x - 500) = U'(W_0 - ax)$$

$$可得 \quad x = L + 500$$

根据上式计算结果，在扣除免赔额之后，被保险人的赔付减少，其相应的效用降低，因此，可作出对应的效用图如下：

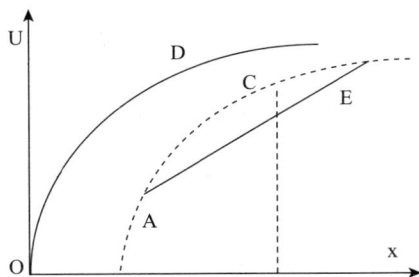

图 3 - 5　扣除绝对免赔额之后的风险效用函数

实际上，投保人知道，提高保险金额在出险的时候，还是会有 500 元的绝对免赔额，即 500 元的损失得不到补偿。为了维持效用水平不变，投保人就可能在索赔的时候，将损失 L 夸大为（L+500）。

在保险欺诈中，这种夸大保险索赔旨在获得足够的保险理赔，属于软欺诈最常见的情况。在英国，调查显示，夸大保险索赔被认为是可以接受的占到调查人数的40%。[①] 免赔额的设立原是保险公司通过出险时，被保险人承担一部分费用的方式，督促被保险人谨慎驾驶，以减少事故的发生率。但是，对于被保险人而言，出险时不能得到足额的赔偿被视为一种预期收益的损失，导致效用函数向左移。而为了弥补下降的效用，被保险人将通过夸大索赔的软欺诈形式，将这部分下降的效用补偿回来。

三、机动车强制险的风险 – 效用分析

在机动车保险中，目前，实施了机动车交通事故责任强制保险，这种强制保险要求所有的机动车所有人和管理者都必须投保。与商业机动车保险相比，投保人不再是风险规避型的人，法律强制性地将那些风险偏好型的人也纳入机动车保险的范围内。下面分析，当风险偏好型和风险厌恶型都加入保险的时候，保险欺诈是如何产生的。

根据前述的风险效用分析原理，风险偏好型的机动车投保人的效用函数可以用如下图形表示：

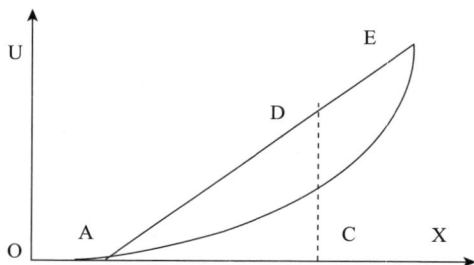

图3–6　风险偏好型机动车投保人的效用函数

同样按照上述分析，假定：风险偏好型的投保人，现在被强制购买交通事故责任强制保险，并且以国家规定的6万元保险金额购买，交纳的保险费为A，则，对于该机动车投保人来说，有如下的风险效用函数：

$$aU(W_0 - A - L + x) + (1-a)U(W_0 - A)$$

其中，A 表示交纳的保险费

---

① ABI. Facts of Fraud［R］. 英国：Association of British Insurance，2004.

W_0 表示机动车的初始价值

L 表示机动车出险的损失

a 表示机动车出险的概率

由于在机动车强制三者险中，保费的交纳是基本相同的，保险金额也是强制性规定的 6 万元，所以，剩下的变量只有出险时，被保险人就损失提出的索赔，设为 X，则

同样，对 x 求风险 - 效用函数的一阶导数得

$$aU'\ (W_0 - A - L + x) = 0$$

这里，x 满足

$$0 \leqslant x \leqslant 6 \text{ 万}$$

同时，A 也满足

$$0 \leqslant A \leqslant 6 \text{ 万}$$

（1）当 $a = 0$，表示不出险的情况，x 的取值，可以是 [0，6] 中的任意值，都能满足效用最大化的需求。

（2）当 $a \neq 0$，表示出险的情况，为了使效用达到极值，被保险人选择 $x = 6$，即，可以索赔的最高值。

对于风险偏好型的投保人来说，强制性的投保改变了效用函数的位置，使被保险人的效用因为保险费的交纳而降低，这时，为了弥补这种损失，使效用的水平维持到最好状态，被保险人可能在不出险时，伪造单证申请索赔，以获得至少 A 的值；而出险的时候，被保险人可能夸大索赔，以使其效用函数最大化，所以，这种情况下将出现机动车保险软欺诈和硬欺诈两种情况。

综上，基于风险效用理论，通过对机动车投保人进行细化，很好地解释了强制险和商业险的不同欺诈成因，同时也解释了强制险中产生硬欺诈的情况。这种分析不仅仅适用于机动车保险，任何同时实行强制险和商业险的险种都可以适用。

第四节　机动车保险欺诈成因：基于信息不对称的视角

在信息经济学的有关文献中，不难发现，这一领域的几乎所有经典文献都以保险市场为例来研究信息不对称问题。究其原因在于，保险市场是一个典型的信息不对称市场，由于保险市场内在的特性，无论是保险方还是投保方都不可能获得足够的信息，这种对信息占有的不对称状况，很容易产生保险欺诈。

此处对以往的研究进行拓展，分析了机动车保险信息在时间上、空间上的特点，并用博弈的方法分析投保方的欺诈决策。

一、信息不对称及其在保险中的相关研究

1. 保险中的信息不对称

保险市场的信息不对称（Information Asymmetry）是指保险交易中的一方拥有而另一方缺少的相关信息。在保险交易中，根据保险合同当事人来划分可以将信息不对称分为两类：第一类信息不对称是投保人的信息不对称，由于保险标的通常被投保人控制，保险人不易了解关于保险标的风险状况的信息；第二类信息不对称是保险人的信息不对称，投保人及被保险人不知道保险人的偿付能力状况，因此不能判断未来保险人的履约能力。此外，由于保险合同涉及到多方当事人，因此，还可能产生与保险相关的多方信息不对称：如保险代理人与保险人之间的信息不对称、保险经纪人与投保人之间的信息不对称、保险公估人与保险人之间的信息不对称等。[1]

若按信息经济学的有关理论进行分类，保险市场的信息不对称可以从两个角度划分：一是信息不对称发生的时间，二是信息不对称的内容。把发生在当事人签约之前的信息不对称称为事前不对称，反之为事后不对称，且称第一种信息不对称为逆向选择（adverse selection），称第二种信息不对称为道德风险（moral hazard）；从信息不对称的内容看，信息不对称可能指保险市场参与方的行为，如投保方改变保险标的风险状况的行为，也可能指市场参与方的知识，如机动车保险中，投保人对汽车不良信息的隐瞒。从这一角度讲，不对称信息有两类，即"暗中行动问题"（hidden action）和"暗中知识问题"（hidden knowledge）。显然，逆向选择问题对应"暗中知识问题"，而道德风险问题既有"暗中行动问题"又有"暗中知识问题"，即保险市场既存在暗中行动的道德风险，又存在暗中信息的道德风险。梅耶森（Myerson，1991）曾主张把保险市场的不对称信息简单分为两类，将所有"由参与人选择错误行动引起的问题"称为道德风险；所有"由参与人错误报告信息引起的问题"称为逆向选择。[2]

① 陶存文. 中国保险交易制度成本研究［M］. 上海：立信会计出版社，2005：170－191.
② 张维迎. 博弈论与信息经济学［M］. 上海：上海人民出版社，1996.

表 3 - 2　保险交易中的信息不对称

项目		隐藏信息	隐藏行动	模型
事前	保险人	实际偿付能力		信号传递
		损失概率		逆选择
	投保人	标的风险状况		逆选择
事后	保险人		违规操作	道德风险
	投保人	风险程度变化	疏于防范	道德风险

（资料来源：陶存文，中国保险交易制度成本研究，上海：立信会计出版社，2005，第170 页）

2. 相关研究

针对保险市场中的信息不对称，经济学家做了许多深入的研究，他们运用不对称信息的分析技术研究了保险欺诈、保险市场均衡、最优保险契约设计以及不对称信息下的保险定价。1953 年阿罗（Arrow）就指出，信息不对称是妨碍保险机制顺利运转的主要障碍，并对此进行研究。之后，斯蒂格利茨（Stiglitz）、斯宾赛（Spence）和莫里斯（Mirrlees）等都以保险业为背景研究不对称信息理论。[①] 在与罗斯柴尔德合作的《竞争性保险市场的均衡》（1976）等论文中，斯蒂格利茨等人对非对称信息和不完全竞争下的保险市场进行了研究，得出在竞争性的保险市场上，市场均衡是这样一组保险合同："当消费者为最大化其预期效用而选择合同时：（1）在均衡集合中，不存在获得负预期利润的合同；（2）在均衡集合之外，不存在如果提供将获得负利润的合同。"大多数保险学者都认为，最优保险契约的设计与不对称信息是紧密相关的。考虑事前道德风险的最优保险契约设计也同样引起了广泛关注。Spence 和 Zeckhauser（1971）对此进行了专门研究。他们认为，考虑事前道德风险的最优保险契约应是部分保险形式，也就是现代保险实践中普遍应用的"共同保险"条款，这种共同保险条款为投保方采取最优水平的防灾防损提供了激励机制，即可以通过在保险契约中加入免赔额或共保额条款，使投保人谨慎行事的边际收益或不谨慎行事的边际成本为正值。如对机动车保险来说，车辆的丢失以及车祸等意外事故的发生，与车主采取的防盗措施、驾驶谨慎与否

---

① Rothschild and J Stiglitz1976：Equilibrium in competitive insurance markets：an essay on the economics of perfect information, quarterly journal of economics（90）：629 - 650.

Spence M. 1974：Market signal, Cambridge, Mass：Harvard university press.

等有关。在保险人不能监督投保人行动的情况下，由于投保人缺乏采取防灾防损措施的积极性，因此，保险人就应当设计有针对性的保险条款来激励投保人采取进一步的防损努力。

二、机动车保险中的信息不对称

1. 机动车保险中的多方信息不对称

在机动车保险经营中，信息不对称首先体现在多方信息不对称。一般的经济合同涉及到两方主体，但是由于保险的特殊性，除了投保人与保险人之外，保险合同的监督和执行还涉及到其他关系方。

在车损险中，主要涉及到如图所示的各方。任何一方的信息不对称，或者蓄意欺诈，都会导致保险人获取信息的难度增大。一般车损险理赔中，可以是投保方自己申请索赔，也可以是机动车维修厂或者保险代理人代为索赔。并且，如果出险的车辆涉及道路交通事故的话，还有交通管理部门的介入。就信息不对称的内容来说，车损险涉及到机动车的损坏和维修，由于维修厂尤其是品牌车的专业维修厂对机动车的了解比投保方多，并且，零部件的价格和质量可能种类繁多各有不同，这种技术壁垒造成的信息不对称，容易产生维修厂在被保险车辆的零部件维修中偷梁换柱。机动车保险实践中，涉及到维修厂与投保方甚至交通管理部门共同欺诈保险公司的情况。

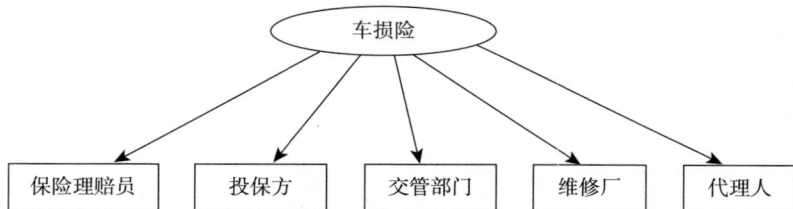

图 3 – 7　车损险理赔中涉及到的各方

三者险由于和受害的第三方相关，所以理赔与车损险不同。除了保险人、投保人、交通管理部门，还与受害方以及医院息息相关。对第三方的损害赔偿涉及到财产和人身伤亡赔偿。这当中，受损财产的价值，受害方的人身伤害程度，医疗费用和救助状况，都可能对保险人构成信息不对称。而这种不对称，可能是双重的，即受害方对投保人夸大损失程度，而投保人对保险人夸大损失程度。投保人出于平息交通事故，安慰受害人的动机，就可能隐瞒事故和损失的真实情况。

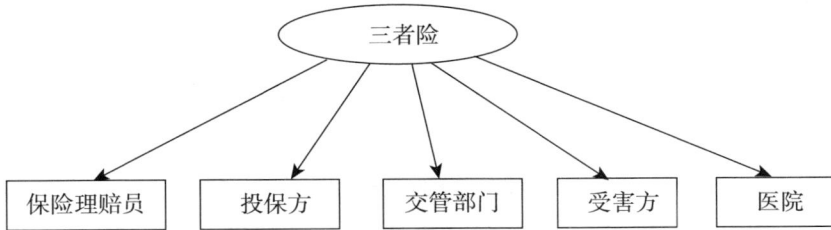

图 3 - 8 机动车三者险理赔中涉及到的各方

2. 机动车保险中时间上的信息不对称

机动车保险欺诈与信息不对称的时间性是紧密相关的。获取信息除了考虑成本因素外，时间是很重要的影响因素，在一般的经济学分析中，也常常将时间作为一种成本来衡量。但是，我国保险监管机构出于行业形象的考虑，对保险理赔作出了时间限定。例如，保监会发布的《关于加强诚信制度建设，提高机动车保险理赔服务质量的通知》，就将缩短理赔时间作为提升服务质量的一项指标，加快了保险理赔的速度。同时，上海市保监局《机动车互碰物损交通事故自撤现场的赔偿处理办法（试行）》规定：对于 2000 元以下的交通事故，无须报警，为了道路交通的畅通，可以自动撤离事故现场。在这种情况下，一方面，保险公司的现场查勘人员没有到现场，另一方面，也没有相关交警的事故认定书，保险赔付只是凭借现场的照片，存在很大的信息不对称，投保人和受害人夸大保险索赔和损失金额也就很难鉴别。

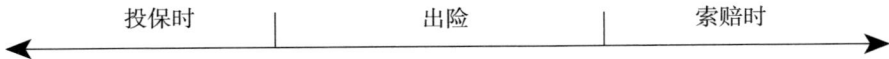

投保时	出险	索赔时

图 3 - 9 保险信息不对称的时点（时段）分析

另外，我国保险监管机构规定：简易赔案必须在三个工作日赔付。一件保险索赔涉及到多方关系人，涉及到多种事故凭证，三个工作日对没有欺诈的索赔，简单核对单证是可行的，但是，如果单证中隐含伪造或者夸大索赔的情况，保险人调查和取证的时间就受到很大限制。实际上，国际上的保险欺诈案件中，从数量上来看，小额欺诈案件占案件总数量 70% 以上的比例，这与缩短理赔的监管要求，导致信息无法收集相关。

3. 机动车保险中空间上的信息不对称

机动车保险欺诈的另一个主要来源是基于空间的信息不对称。机动车辆是一个流动的标的物，而且还伴有跨境和异地的情况。不同地域，或者相同城市的不同片区，道路交通情况，安全情况所有不同，这导致保险双方在空间上的信息不对称，具体体现如下：

（1）出险时隐瞒风险状况。被保险车辆掌握在投保方手中，当车辆的风险状况发生变化时，投保方如果隐藏信息，保险人是很难获得的。相关的研究表明，道路交通事故中，人的因素占90%以上。

（2）维修时无法监督。出险后，机动车送入维修厂修理，投保人和保险人都不可能时时在维修厂察看，因此，维修中的偷换零部件，以次充好的情况很难识别。

（3）赔付时地域不同。由于车辆跨境流动，出险的地点可能不是投保的地点；过去的做法是拍摄事故现场照片，并根据交通事故认定书到投保的原地申请索赔，这样，出险地与投保地不论是道路状况，维修费用标准，还是损害赔偿标准都可能出现很大的差异，保险人对这方面的信息获得存在很大困难。现在国内多家财产保险公司开始试行"全国通赔"服务，也即被保险人无需回到投保地点索赔，在出险地点保险人的分支机构进行索赔即可。但是，处理索赔的分支机构对投保的车辆情况不甚了解，理赔的时候依然有很大的信息不对称。

三、信息不对称下机动车保险欺诈博弈分析

信息经济学认为，信息或者是不可获得的，或者是获取的成本太昂贵。这里剔除信息的不可获得，分析信息不对称下，机动车保险人与被保险人的欺诈与反欺诈博弈过程。[①]

1. 单个保险公司的机动车保险欺诈博弈分析

构造如下机动车保险博弈模型，假定博弈有两个阶段：第一阶段，保险人可以选择承保，也可以选择不承保，如果不承保，博弈结束，双方各得0的收益。如果保险人选择承保，博弈进入第二阶段，投保人决策。投保人可以选择诚实，也可以选择欺诈。如果投保人选择诚实，可以得到B个单位收入；如果投保人选择欺诈，投保人得到D个单位的收入，保险人损失C个单位收入。很显然，对于被保险人而言，需要比较的是B与D的值。

同时假定：不存在信息不对称，且投保人和保险人都是理性人，一次博弈。其纳什均衡推导如下：通过逆推，如果投保人选择欺诈，将得到D个单

---

① 这里用到的博弈方法主要参考：谢识予. 经济博弈论（第二版）［M］. 上海：复旦大学出版社，2004.

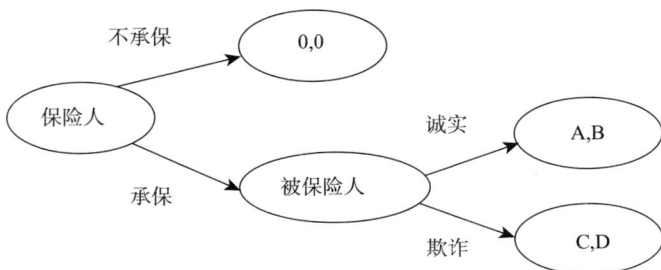

图 3 – 10   机动车保险欺诈的博弈

位的收入，所以理性的投保人的最优选择是保险欺诈；回到博弈的第一阶段，此时保险人的最优选择是不承保。在这个机动车保险中，博弈的纳什均衡解是：（保险人不承保，投保人欺诈）。[①] 这种分析当中由于没有考虑欺诈和反欺诈的成本，也即是获得信息的成本，所以，得到的均衡解与保险实践不符合。实际上，机动车的被保险人进行欺诈是有成本的，例如，伪造单证的成本，伪造现场的成本等，而保险人的反欺诈，同样存在信息收集、分析、欺诈识别的成本。假定欺诈成本为 X，则欺诈的收益为（$10 - X$），如果（$10 - X$）< 5，则欺诈是不合算的，被保险人将选择诚实索赔。这里，假定保险人和被保险人都知道支付结构，并且保险人知道被保险人出于最优化考虑会选择欺诈，但是，实践中，由于信息不对称，保险人不能识别故意进行欺诈的被保险人，从而进行承保。

车主投保机动车保险，不出险时的机动车价值为 X_0，出险时，机动车受损，价值为 X_1，且满足（$X_0 > X_1$），机动车出险的概率为 P，则投保人的期望收入：

$$M = (1 - P) X_0 + PX_1$$

如果投保人投保保险，保费为 K，保险金额为 ΔX，则投保人参加保险后，机动车的确定性等价收入为：

$$D = (1 - P)(X_0 - K) + P(X_1 - K + \Delta X)$$

如果机动车保险中不存在进行欺诈的人，则保险公司的利润为

$$\pi = (1 - P) K + P(K - \Delta X) = K - P\Delta X \tag{1}$$

假设保险公司按照公平费率来计算保费[②]，则

---

① 陈斯琪、陈玥. 保险欺诈和逆向选择的经济学分析，www. paper 800. com/paper159/2006.

② 博尔奇 [挪威]. 保险经济学 [M]. 北京：商务印书馆，1999：222 – 228.

$$\pi = 0，有 K = P\Delta X \tag{2}$$

如果投保人中存在进行欺诈的人，欺诈的概率为（$1-\delta$），不欺诈的概率 δ，同时将（2）式代入（1）式，则保险公司的利润为：

$$\pi = \delta(K - P\Delta X) + (1-\delta)(K - \Delta X)$$

同样假设保险公司按照公平费率来计算保费，则上式可以整理为：

$$\pi = \delta K - \delta P\Delta X + K - \Delta X - \delta K + \delta\Delta X$$

当 $\pi = 0$，有

$$K = \Delta X \ (\delta P + 1 - \delta) \tag{3}$$

比较上述（2）式和（3）式，当 $\delta = 1$ 时，两式计算的保费是相同的。当 $\delta < 1$，也即存在机动车保险欺诈时，上述（3）可以整理为：

$$K = \Delta X \ [\delta \ (P-1) \ +1]$$

由于 $P < 1$，（$P-1$）为负值，所以，随着 δ 的减小，（$1-\delta$）上升，即随着机动车保险欺诈的上升，K 增大，机动车保费提高。由此印证，在存在机动车保险欺诈的情况下，保险公司将提高保费，并且保费随着保险欺诈概率的上升而增加。

2. 惩罚机制下的机动车保险欺诈探讨

这种由于信息不对称导致的欺诈，可能因为成本的转移，导致逆向选择和机动车保险市场的最终无效。因为随着机动车保险欺诈数量的上升，财产保险人会把这一额外提高的赔付成本通过提高保费的方式转嫁给投保人，在公平保险费率的框架下，提高保费的方法会使得原来进行诚实投保的一些被保险人放弃投保，这反过来大大增加保险单中保险欺诈的比例，从而迫使保险人再次提高保险费。如此恶性循环，最后所有诚实投保的投保人全部退出市场，剩下的全是进行欺诈的投保人，出现所谓的"逆向选择"。本书的下一节将研究，保险欺诈与保险费率提高之间的影响程度。

假设车主投保机动车保险，并且以下分别假定被保险人实施欺诈和不实施欺诈两种情况。对于机动车被保险人来说，诚实投保，不实施欺诈，带来的收益如下：

$$Y_1 = (1-P)(X_0 - K) + P(X_1 - K + \Delta X) \tag{1}$$

其中：P 表示机动车出险的概率

X_0 表示初始时机动车的价值

K 表示投保机动车保险缴纳的保险费

X_1 表示出险后机动车的价值

ΔX 表示保险金额

假设投保人伪造单证，谎称发生保险事故，实施欺诈，则欺诈带来的收益为：

$$Y_2 = (1-\delta)(\delta X - K) - \delta C \tag{2}$$

其中，δ 为保险欺诈被发现的概率，$\delta = \delta(X)$，X 与欺诈识别体系的建立有关，当保险公司之间、全社会都建立比较完善的保险欺诈识别体系，尤其是高度完善的信息系统时，欺诈被发现的概率就大大提高。因此，δ 的一阶导数 $\delta' > 0$，二阶导数 $\delta'' < 0$。说明随着 X 识别体系的完善，δ 欺诈被发现的概率不断增大，并且这种识别程度呈递减趋势。C 表示为投保人因保险欺诈而遭受的惩罚成本，例如，解除保险合同，不返还保险费；严重的，将诉诸刑罚，接受刑事处罚。由 $Y_1 < Y_2$ 得

$$(1-P)(X_0 - K) + P(X_1 - K + \Delta X) < (1-\delta)(\Delta X - K) - \delta C$$

解得：

$$K > [(1-P)X_0 + PX_1 + P\Delta X + \delta C - (1-\delta)\Delta X]/\delta \tag{3}$$

此时，$Y_1 < Y_2$，则有欺诈动机的机动车被保险人将进入保险市场进行保险欺诈。在机动车保险需求具有价格弹性的情况下，随着 K 的增大，保险费的上升，导致保险需求下降，越来越多的诚实投保人退出机动车保险市场；而随着 $(Y_2 - Y_1)$ 的增大，实施欺诈的收益上升，越来越多的欺诈者进入机动车保险市场。

因此，由于机动车保险欺诈的存在，保险公司不得不提高保险费，而保险费的提高又可能导致诚实投保人退出机动车保险市场。为了防止逆向选择的出现，一方面，必须控制 K 的增加，以尽可能减少诚实投保者退出保险市场；另一方面，必须使得 $Y_1 > Y_2$，使得有欺诈动机的投保人的诚实投保收入大于欺诈投保收入，进而选择诚实投保。要使得上式得到满足，保险公司可以选择三种方式：首先，减小 K；其次，提高欺诈被识别的概率 δ；最后，提高欺诈识别后的惩罚成本 C。减少保险费 K 来提高诚实投保人的收益 Y_1，难以执行，因为保费的测算是经过精算厘定，随意降低保费可能会影响到保险公司的偿付能力。因此，主要措施还在于提高机动车保险欺诈识别的概率以及加大对欺诈的惩罚力度。这需要保险公司、行业组织和全社会的共同关注，需要保险立法，必要时可以进行保险反欺诈的专门立法来系统化识别欺诈，使欺诈的惩罚做到有法可依。

第五节　机动车保险欺诈成因：其他法律、制度因素

一、市场结构与机动车保险欺诈

我国的保险行业，尤其是财产保险行业经历了很大的变化，而作为财产保险业务核心的机动车保险更是经历了各个方面的改革，这些外在的制度变化影响了机动车保险的经营，影响了投保方的投保和索赔行为。

1. 业务结构对机动车保险欺诈的影响

机动车保险在我国的财产保险业务中一直占有重要地位，它基本上成为各家财产保险公司的核心业务。从下表可以看到，机动车保险占据 55% 以上的业务比重，这种一支业务独大的状态导致机动车保险市场的竞争格外激烈，由此对机动车保险欺诈产生两方面影响：一方面，财产保险公司都集中力量争夺市场份额，轻视理赔及欺诈风险管理，另一方面，由于保险欺诈的识别和防范具有很强外部效应，财产保险公司都不愿投入成本建立欺诈识别体系。

表 3 - 3　1998 年 - 2006 年我国财产保险市场险种结构

（单位：%）

年　份	机动车保险	企财险	货运险	责任险	家财险	保证保险	其　他
1998	55. 56	22. 27	7. 63	2. 78	2. 41	0. 22	9. 13
1999	58. 12	21. 43	6. 69	3. 19	2. 33	0. 27	7. 97
2000	61. 05	19. 2	6. 02	3. 49	2. 02	0. 31	7. 91
2001	61. 28	17. 75	5. 91	3. 99	2. 74	0. 63	7. 7
2002	60. 60	15. 74	5. 36	4. 73	3. 04	1. 18	9. 35
2003	62. 13	14. 37	4. 70	4. 01	2. 23	0. 23	12. 33
2004	68. 90	12. 08	3. 07	3. 07	1. 00	2. 15	8. 5
2006	70. 10	10. 01	3. 52	3. 56	0. 71	0. 53	11. 57

（资料来源：《中国统计年鉴》各年，《中国保险年鉴》各年）

2. 主体结构对机动车保险欺诈的影响

在中国人民保险公司（PICC）独家经营的时候，人寿保险与财产保险，及全国的保险业务都集中在一家公司手中，因此，所有的承保和理赔数据也集中统一管理，机动车投保人如果有欺诈的不良记录，保险人能够在下一次索赔

中进行提前防范。到了90年代，保险业进入三足鼎立时期，保险公司之间因为竞争，而彼此隔离，尤其是投保人的投保信息、被保险人的索赔信息更是据为己有。因此出现投保人在一家公司实施欺诈之后，转换到另一家公司投保的情况。

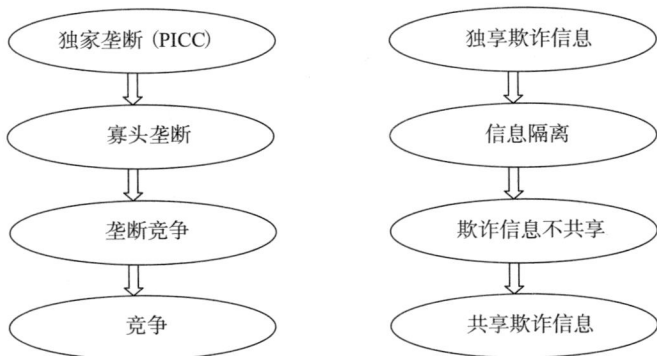

```
┌─────────────────┐        ┌─────────────────┐
│ 独家垄断 (PICC)  │        │   独享欺诈信息   │
└────────┬────────┘        └────────┬────────┘
         ↓                          ↓
┌─────────────────┐        ┌─────────────────┐
│    寡头垄断      │        │    信息隔离      │
└────────┬────────┘        └────────┬────────┘
         ↓                          ↓
┌─────────────────┐        ┌─────────────────┐
│    垄断竞争      │        │  欺诈信息不共享  │
└────────┬────────┘        └────────┬────────┘
         ↓                          ↓
┌─────────────────┐        ┌─────────────────┐
│      竞争        │        │   共享欺诈信息   │
└─────────────────┘        └─────────────────┘
```

图 3 – 11　我国保险市场的演变和欺诈信息的变化

事实上，在这制度变迁过程中，我国的保险诈骗案件呈现上升趋势。据统计，20世纪80年代末期，在我国的欺诈犯罪中涉及保险的仅占2%，到了1992年已占到4.5%，1994年则为6%，而在1997年仅广州市发生的此类案件就比上一年增加30%。①

二、归责原则、格式合同与机动车保险欺诈

1. 归责原则与机动车保险欺诈

机动车保险涉及交通规则及人身伤害的赔偿等方面，其中，我国机动车交通法规中归责原则明确为机动车与非机动车及行人之间采用无过错责任原则，这对机动车保险欺诈有一定的影响。无过错责任原则是指行为人对因自己的行为造成的损失，不论其是否有过错都应当承担民事责任。实行这一原则的初衷是为了强调机动车驾驶人的谨慎驾驶义务，体现对基本人权的尊重和对弱势群体的保护，以有效避免交通事故的发生，保障生命财产安全。《中华人民共和国道路交通安全法》第七十六条规定："机动车发生交通事故造成人身伤亡、财产损失的，由保险公司在机动车第三者责任强制保险的责任限额范围内给予赔偿。"超过责任限额的部分，按照下列方式承担赔偿责任：

---

① 韩秀彬. 新形势下人寿保险的诈骗方式及防范对策［J］. 保险研究，2003（9）.

（1）机动车之间发生交通事故的，由有过错的一方承担责任；双方都有过错的，按照各自过错的比例分担责任。这说明机动车之间发生交通事故的归责原则采用过错责任原则，即机动车之间发生交通事故的由有过错的一方承担民事赔偿责任，也即机动车驾驶员对交通事故的发生存在主观上的故意或过失时，才对交通事故损失承担赔偿责任。

（2）机动车与非机动车驾驶员、行人之间发生交通事故的，由机动车一方承担责任；但是有证据证明非机动车驾驶人、行人违反道路交通安全法律、法规，机动车驾驶人已经采取必要处置措施的，减轻机动车一方的责任。交通事故的损失是由非机动车驾驶人、行人故意造成的，机动车一方不承担责任。①

以上归责原则，对机动车保险欺诈有如下影响：第一，保险公司承担无过错赔偿责任，发生交通事故，通过交通事故保险进行理赔。这在无形之中给保险公司增加了赔付的压力，出于对交通受害人的补偿，要求保险公司及时地先行赔付，这种要求减少了保险理赔、查勘、核赔的时间，给实施欺诈留有时间和空间余地。第二，机动车与机动车之间承担过错赔偿责任，保险赔偿不足的部分，如果双方机动车都有保险，则对保险欺诈的影响不大，如果一方没有保险，则可能导致对有保险一方的欺诈。第三，机动车承担非机动车驾驶人或者行人的无过错经济赔偿责任，保险赔偿不足的部分，机动车一方承担赔偿责任。也就是在机动车与非机动车驾驶人、行人之间发生交通事故时采用严格责任原则，即无过错责任原则。无过错原则增加了机动车所有人和驾驶人员的风险，而投保人一旦发生交通事故，面对行人的索赔，就容易滋生将风险转嫁给保险公司的机会主义做法，也即实施保险软欺诈。

2. 格式合同及司法解释有利于被保险人原则与机动车保险欺诈

自从《中华人民共和国合同法》明确规定格式条款以来，保险条款被认为是典型的格式条款。根据我国《立法法》第七十一条的规定，中国保险监督管理委员会作为保险行政管理机构，具有发布规章的权力。只要是以保险监督管理委员会的名义发布的规范性文件即为规章。《机动车交通事故责任强制保险条例》规定，三者险实行统一的保险条款，即规章类条款。规章类条款具有格式条款的特征，它是国家意志的体现，对保险合同的当事人具有约束效力，

---

① 编写组. 机动车交通事故责任强制保险条例解读与案例指引［M］. 北京：法制出版社，2006：10.

当事人不得通过特约排除适用。而绝大部分保险条款属于非规章类保险条款，是保险公司自己单方拟订的。机动车保险中存在规章类条款和非规章类条款，其中的强制第三者责任保险条款属于规章类条款。

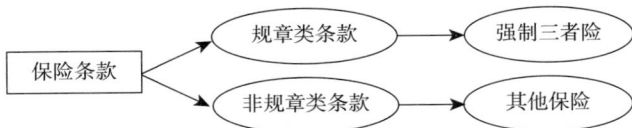

图 3 – 12 保险条款分类

《中华人民共和国合同法》第四十一条规定了对格式条款的解释原则，包括：通常理解的原则，即对格式条款的理解发生争议时，应当按照通常理解予以解释；不利于提供格式条款一方的原则，即当格式条款有两种以上解释时，应做出不利于提供格式条款一方的解释。《保险法》第三十条规定，保险合同的解释原则，对于保险合同的条款，保险人与投保人、被保险人或者受益人有争议时，人民法院或者仲裁机构应当做有利于被保险人和受益人的解释。

这种司法解释原则对我国机动车保险欺诈具有重要影响。实际上，当保险公司发现机动车被保险人实施欺诈时，一般只是解除保险合同，而没有诉诸法律，正是因为保险公司认识到，一旦诉诸法律，当证据不足或存在疑点时，法律将实施"有利于被保险人和受益人的原则"。而没有及时采用法律方式解决欺诈问题，导致机动车投保人实施欺诈的惩罚成本下降了，前述的博弈分析已经证明，当欺诈的惩罚成本下降时，欺诈将上升。所以，在司法实践中，需要加强保障保险公司对欺诈者起诉的权益。其后的分析显示，美国在其保险相关立法中，积极保护保险公司对欺诈者提起的诉讼，这点在我国的立法中需要加以借鉴。

三、承保和理赔流程的变化与机动车保险欺诈

随着强制三者险法律的出台，国家对保险人的理赔提出新的要求，而这些快速赔付的要求，在本质上是为了使交通事故中的受害方能得到及时的补偿，但是，这无形之中对保险公司的理赔及保险欺诈的识别起到一定影响。《机动车交通事故责任强制保险条例》规定，被保险机动车发生道路交通事故时，被保险人或者受害人通知保险公司的，保险公司应当立即给予答复，告知被保险人或者受害人具体的理赔程序等有关事项。被保险机动车发生道路交通事故的，由被保险人向保险公司申请赔偿保险金，保险公司应当在收到理赔申请之

日起 1 日内，书面告知被保险人需要向保险公司提供的证明和资料。保险公司在收到被保险人提供的证明和资料之日起 5 日内，对是否属于保险责任作出核定，并将结果通知被保险人；对属于保险责任的，在与被保险人达成理赔保险金的协议后 10 日内，给付保险金。

同时，2005 年 6 月保监会向各保监局、各财产保险公司、中国保险行业协会发出《关于保险承保和理赔服务的通告》①，指出，为推动非寿险业诚信制度建设，配合机动车第三者责任强制保险制度的建立，要求"各保监局、各产险公司、中国保险行业协会要以提高机动车保险理赔服务质量为契机，着力增强诚信意识，完善制度建设，提高服务质量和强化监督处罚"。这则通告从本质上是为了解决保险理赔难的问题，但是，实践中要求保险公司实施快速理赔。我国由于信息系统的不全面，保险理赔需要较多的单证，在没有电子化系统支持理赔的情况下，保险公司员工人工逐一核实单证是一项费时的工作，而加快理赔的要求势必影响单证的识别，从而影响对虚假索赔等保险欺诈的识别。这与前述信息特点的分析相印证，缩短索赔时间从本质上看，提高了保险方欺诈识别的时间成本，换个说法，它降低了投保方欺诈被识别的时间成本。

四、免赔额、无赔款优待与机动车保险欺诈的博弈分析

1. 免赔额与机动车保险欺诈

机动车商业保险的免赔额：根据保险车辆驾驶员在道路交通事故中所负的责任，车辆损失险和第三者责任险在保险金额（限额）范围内实行绝对免赔率：被保险机动车驾驶员负全部责任的免赔率为 20%，负主要责任的免赔率为 15%，负同等责任的免赔率为 10%，负次要责任的免赔率为 5%，单方肇事的免赔率为 20%。在保险经营中采用免赔额规定是为了避免投保人的逆选择，那些容易出现交通事故的机动车所有人倾向选择保险，而谨慎的机动车所有人不选择保险，这种逆选择会加重保险经营的风险。正是基于此，保险公司一般会在机动车保险中增加免赔额的条款，由于免赔的部分需要被保险人自己支付，从理论上说，这能够提高被保险人的谨慎度，使其安全驾驶。但是，实践中，免赔额与被保险人实施软欺诈有很大关联。

当机动车出险时，被保险人面临 500 元的免赔额，这时，出于补偿心理（交纳保险费就应该获得足额赔付）和机会主义的倾向，被保险人会夸大保险

---

① 参见中国保险监督管理委员会网站 www.circ.gov.cn，政策法规栏目，2005 – 6 – 10.

事故的损失，通过夸大的部分以补偿属于免赔额范畴的损失。实际上，保险欺诈中的软欺诈经常是小额的，为了获得足额赔付而产生的。免赔额设立的初衷与其最后的结论之间是相悖的，而这种矛盾的真实根源在前述的经济伦理、诚信与保险欺诈一节作了相关分析。

2. 无赔款优待与机动车保险欺诈

机动车保险中的无赔款优待是指，被保险的机动车在保险期间内没有发生道路交通安全违法行为和道路交通事故的，保险公司应当在下一年度降低其保险费。在此后的年度内，如果被保险机动车辆仍然没有发生道路交通安全违法行为和道路交通事故的，保险公司应当继续降低其保险费，直至最低标准。无赔款优待是保险公司为了鼓励被保险人及其合格的驾驶员遵守交通规则、安全行驶而实行的一种策略。

（1）从博弈论的角度来看，无赔款优待是一个扳机（trigger）机制，被保险人自身的行动决定了博弈的发展，决定保险人的对策：当被保险人遵守这个规则，谨慎驾驶，较少出险，则将获得下一期的费率优惠，但是，一旦被保险人破坏这个规则，则下一期的保险费将上升，通过保险费这个杠杆来调节被保险人的行为，类似于"胡萝卜＋大棒"的策略。这个博弈的均衡是被保险人遵守规则，谨慎驾驶，获得下一期的费率优惠。

（2）博弈均衡的背离与保险欺诈。与一般的博弈不同，在机动车保险中，被保险人虽然具有一定的主动性，但是，机动车的出险与否还与道路交通状况、行人的交通意识，甚至天气状况息息相关，如果被保险人谨慎驾驶，仍然出险，那么诚实索赔之后，下一期的费率因为当期的索赔而上升。被保险人的支付结构发生变化。此时，博弈的均衡应当采用逆推的方式：既然下一期保费将上升，那么，机动车已经出险的情况下，提高当期的索赔，以弥补下期的保费就成为博弈的均衡。无赔款优待因此失效，此时夸大索赔的机动车保险软欺诈产生。

此处结合保险条款和保险市场结构的分析，为保险欺诈的研究展开一个新的视角，过去认为的"激励措施"，例如，无过错原则、无赔款优待、免赔额、快速理赔等，其实对保险欺诈都有一定的负面影响，这是今后机动车保险合约改进中必须引起重视的。同时，在医疗保险和火灾保险等其他险种的欺诈研究中也必须给予关注。

第六节　本章小结

本章探讨的是机动车保险欺诈产生的原因，在既往研究中，大多数学者将欺诈归结为保险合同下的信息不对称所引致的道德风险。但是，对于小额欺诈、欺诈的普遍上升、软欺诈的产生等现象都不能作出很好的解释。因此，本章创新性地从多角度来分析保险欺诈产生的动因。第一，不完全合约理论可以很好地解释机会主义产生的机动车保险欺诈；第二，经济伦理学结合保险经营中的最大诚信原则，及通过实地调查的数据说明诚信的弱化，社会对欺诈的容忍度上升，这些能够很好地解释保险欺诈在全社会普遍上升的根本原因；第三，结合风险效用理论，并运用博弈的方法，创新性地分析机动车保险中强制险和商业险的不同欺诈成因，过去的研究因为疏忽强制保险中效用的改变，而不能很好地解释强制险欺诈的盛行。

诚然，我国机动车保险的制度变迁，相关法律法规对保险公司快速理赔的限定等，都从宏观上对保险欺诈产生一定影响。从具体内容来看，免赔额、无赔款优待等被很多学者认为是可以防止保险欺诈的措施，本书从博弈的视角研究却发现，这些激励条款可能存在"触发机制"，当一定的临界状态发生时，这些激励条款将促使夸大保险索赔的软欺诈产生。基于保险经营中的一些共性因素，这些欺诈产生的理论原因，对大多数的保险险种同样适用。

第四章

机动车保险欺诈的识别模型及实证分析

有效的欺诈识别（Fraud Detection）是防范保险欺诈的基础。在多年的国际国内欺诈与反欺诈的较量中，逐渐形成了一些欺诈识别的方法。本章结合机动车保险的被保险人、被保险车辆、出险状况等分析欺诈识别的模型，及探讨模型识别的有效性及不足之处，并对不同模型进行比对分析，探讨其使用中的数据要求。最后，通过实地调研获得的我国机动车保险索赔的经验数据进行欺诈识别因子的实证研究，以期对建立我国欺诈识别指标体系有所指导。

第一节　机动车保险欺诈识别的数据要求

一、机动车保险欺诈的识别因子

1. 机动车保险欺诈案件的循环处理

国际上机动车保险欺诈的识别一般采用下述流程处理：

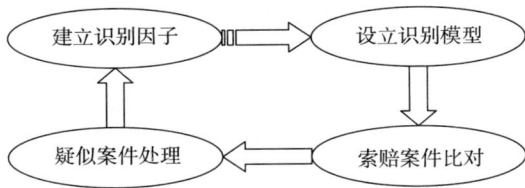

图 4 – 1　机动车保险欺诈识别的循环图

首先，建立识别指标，也即，根据理赔实践，收集相关数据，建立识别因子（Indicator，可作为识别欺诈与否的因子）。由于机动车保险具有很强的地域性，这些因子虽然整体上是趋同的，但是各家公司，或者不同的区域在使用的时候需要进行相应的调整。

其次，根据这些机动车保险欺诈因子建立识别模型。应用一定的数理工具，将这些因子数量化，并且，通过设立权数、机动车保险索赔定性特征的数量化表述等方式，使得所有的机动车保险索赔通过该模型计算之后，能得到一个疑似欺诈的概率值。

接着，将欺诈概率值比较高的案件与正常特征的案件进行比对。多大概率属于疑似欺诈案件，这取决于保险公司的经营导向，即设立一个阀值，当案件欺诈概率超过该阀值时视为疑似案件。阀值高低因保险公司根据自身发展的需要而定。

最后，对疑似机动车保险欺诈的索赔案件进行特殊处理，这种处理包括：对现有索赔资料的深入调查；要求索赔人员提供进一步的机动车保险索赔资料；要求交通部门的证明资料或者目击证人提供的证明；交给 SIU（理赔特殊处理科）进行处理等。

2. 机动车保险欺诈的识别因子

我国目前尚未根据上述流程设立机动车保险欺诈的识别。而西班牙、加拿大、美国对机动车保险欺诈的分析已经比较成熟。[①] 这三个国家的相关研究表明，可以作为判定机动车保险欺诈的参考因子主要有以下 36 项：

I1 小碰撞，却产生大的修理成本

I2 车辆的损失与报告的交通事故无关

I3 车辆被盗，后找回，但发现已严重损毁

I4 被保险人购买的是最新型的汽车

I5 出险的车辆是破旧的老车

I6 出险之前，被保险人曾反复找机动车保险代理人确认该车的承保范围

I7 产险公司的代理人没有见过该投保车辆

I8 被保险人投保时或者出险时处于经济困难阶段

I9 被保险人的职业、收入与车辆的价值不符合

I10 被保险人申请机动车保险索赔的态度急切

I11 被保险人愿意接受比损失金额小的理赔数额

I12 被保险人急切要求保险公司快速理赔

I13 被保险人对车辆的维修知识非常了解

I14 对于出险或者交通事故，被保险人急切接受指责

---

① Bachir belhadji and Georges Dionne, Development of and expert system for the automatic detection of automobile insurance fraud, the journal of risk and insurance, 1997.

I15 索赔的机动车是刚注册或者刚投保的车辆

I16 索赔单据或证明材料中有伪造痕迹

I17 被保险人曾经有过往的犯罪记录

I18 被保险车辆的前任车主无法确认

I19 索赔是第三方报案

I20 保险公司理赔人员没有现场查勘的案件

I21 出险车辆被快速修理完毕

I22 出险时没有目击证人、目击证人的证明与索赔相反

I23 被保险车辆单方肇事

I24 出险事故涉及身份不明的第三方

I25 被保险车辆已过保修期

I26 被保险车辆属于高额租赁

I27 被保险车辆属于贷款购买

I28 被保险人失业、从事不景气行业、或者居住在穷人区

I29 失窃车辆被被保险人自己找回

I30 被保险车辆进行重复保险

I31 被保险人亲自现金缴纳保费

I32 被保险人提出威胁性索赔

I33 被保险人拒绝回答细节问题

I34 事故调查期间，被保险人神情紧张

I35 被保险人曾有大量索赔记录

I36 被保险车辆是从其他州购买的

这些国际上总结的识别因子，有些在我国目前并不可行，例如，对被保险人索赔时的态度、神情分析，实际上，我国的机动车保险索赔很多是维修厂代为索赔；又如对过往索赔记录的查询，已知的国内平安保险公司、大地保险公司等都没有相应的过往索赔数据库。

二、影响机动车保险欺诈因子的类别分析

上述的 36 个因子，是根据加拿大、美国和西班牙的相关机动车保险欺诈研究总结出来的。其实，当被保险车辆因盗窃或者因交通事故等原因出险时，涉及到多方信息，既有被保险人方面的信息，也有被保险车辆信息，出险事故点信息，第三方提供的信息，例如目击者、交警等。在所有纷繁复杂的信息之中，如何找到关键的信息点，并据此判定一项索赔是不是欺诈性索赔，这是有

很强技术性的工作，这从根本上要求保险公司有很强的数据敏感度，能识别信息的轻重缓急，并透过关键性因子将欺诈性索赔从所有索赔中剔除出来。上述的因子大抵可以分为以下类别：

1. 与机动车保险的被保险人相关的信息。这类信息主要有被保险人曾有犯罪纪录、被保险人曾有多次索赔记录、被保险人精通车辆专业知识、被保险人处于失业状态、从事不景气行业、居住在穷人区、索赔时被保险人的态度太好，例如迫切自责；或者态度极端恶劣，例如，威胁理赔人员快速理赔；被保险人在索赔或查勘时神情紧张，或拒绝回答关于细节问题。这些都是从被保险人身上寻找是否欺诈的关键指标。基于犯罪心理学的角度看，被保险人提出欺诈性索赔时，其态度、神情、言语与一般的正常索赔有所不同。此外，从欺诈实施的动机来考察，例如，失业、经济不景气等。因为实施机动车保险欺诈其最终的目的是从欺诈的实施中获得额外的利益。

2. 与被保险车辆相关的信息。这类信息主要有事故车辆被找回时已严重损毁、被保险车辆太新或者太久，是刚购买的车辆，或者车辆的价值与被保险人的收入相悖，被保险车辆已过保修期，被保险车辆是租赁购买，被保险车辆的前主人无从确认，被保险车辆是从其他州购买的。这类信息中与欺诈相关的主要体现在车辆的来源和车辆的价值上。来源不明的车辆、或者跨州购买的车辆在信息上都有可隐蔽和伪造之处。车辆的价值上，太旧的车辆有以欺诈索赔获得的金额购买新车的动机，而太新的车辆立即出险，存在很大疑点，因为新车往往性能较好，不属于容易出险的车辆行列。

3. 与维修相关的信息。这点主要用来判定机动车保险中部分损失的欺诈。这类信息主要有：被保险人要求快速修理、小碰撞但是产生大额修理费用、修理的单证有伪造的痕迹。被保险人选择快速修理是为了隐藏车辆出险时的实际现状，使保险公司的查勘无从取证，而夸大性索赔往往采用这种方式实现。

4. 与交通事故或者出险事故有关的信息。车辆的损失与出险的交通事故无关、索赔时是第三方报案、保险公司没有能够得以进行现场查勘、事故没有目击证人、或者目击证人提供的信息与被保险人提供的不相符合、被保险车辆属于单方肇事，没有与之相关的事故方、事故中涉及到身份不明的第三方等因子。实际上，出险事故现场是保险公司唯一能够确认是否属于正常保险事故的第一手资料，但是，实施机动车保险欺诈的被保险人往往故意模糊这方面的信息，使得保险公司在查勘时陷入困境。

5. 与保险合同相关的信息。这类信息主要有被保险车辆在投保不久后出险，或者在保险合同即将到期时出险，保险代理人也没有见过被保险车辆，被保险人找代理人反复确认保险合同的保险范围，被保险人是以现金缴纳的保险费。以现金方式缴纳，可能是被保险人试图隐藏其信用状况（尤其是有不良信用记录的被保险人），而反复确认保险范围则说明实施欺诈的被保险人试图将欺诈性事故与正常保险事故相混同，而在投保不久或者保险合同即将到期出险，则在时间上有故意制造的嫌疑。

每一份机动车保险索赔都涉及到多方面的信息，保险公司在识别欺诈时不可能对所有的信息进行深入调查或者分析，因此，以比较低的成本，在较快的时间内提炼出最有价值的信息，并依此来识别欺诈与否才是最有效率的。同时，这里对欺诈识别因子进行分类，也是对其后进行欺诈防范提供方向。实际上，保险反欺诈也正是从对车辆、对被保险人、对保险合同等信息入手的。

三、影响机动车保险欺诈因子的特点分析

上述的因子包含了索赔时被保险人及车辆的许多信息，这些信息不是静止的、单一的，保险公司在识别机动车保险欺诈时要能够从这些信息中进行延伸和拓展。主要体现在以下几个方面：

1. 关注信息的时间特点

如果将欺诈的识别信息仅仅停留在索赔时点，这样的信息是不充分的，同时，也不可能有效地识别欺诈。

图 4 - 2　保险信息的时间特点

从时间点来看，投保时、出险时、索赔时是三个关键的时间点。不同性质的欺诈实施的时间段是不同的，对于有预谋的、故意的机动车保险欺诈，投保前和投保时的信息是最关键的。例如，被保险人曾有犯罪记录，曾有多次索赔记录等，这些是判定故意欺诈的重要信息。而对于非预谋性的欺诈，关注投保时到出险时被保险人的信息是最重要的，例如，由于失业、经济不景气、工厂倒闭等原因诱发的欺诈，其发生都是在投保以后、出险以前。这种欺诈可以称为诱致性欺诈，以区别于前者的故意欺诈。此外，大量存在的夸大性欺诈索赔，都是发生在出险到索赔这段时期。这类欺诈所有的单证都是真实的，但是，金额与实际损失不相符合，是被保险人出于获得高额补偿的心理所致。在

投保时，出险前都是没有任何设计和预谋的，纯粹是索赔时的一种夸大。注意不同时段的信息，有助于保险公司识别不同类型的欺诈，同时，由于时间的相关性，后续的事件可以从过往的时间中寻找证明。另外，核赔时，注意时间的一致性，如果单证的时间早于出险的时间，是明显的欺诈性索赔。因此注意时间与信息的关系尤为重要。

2. 注意定性信息的定量化处理

在机动车保险索赔中，被保险人所提交的信息并非都是量化的信息，有很大一部分是定性信息，不能轻易忽略这部分信息。注重对定性信息进行量化处理是识别机动车保险欺诈的一个关键点。大量研究表明，被保险人的性别、职业是影响机动车保险欺诈与否的重要指标，但是这两类指标都是定性的，一般在处理中可以赋予一定的数值，例如，男性被保险人设数值为 1，女性被保险人设数值为 0。另外，被保险车辆的行驶区域也是重要因素，英国一般将区域根据车流量的多少分为三大块，并赋予每个区域一个相应的数值。这些方法都是将定性信息进行量化处理的途径。定性信息可以有不同的量化方式．但是遵循一个共同的原则：不能因为转化而使重要的信息丢失。① 这样的话．定性信息的量化就变得毫无意义。例如，被保险车辆太新或者太久都可能与机动车保险欺诈相关，这时候，量化的过程中不能按照新旧程度赋予数值，因为太新和太久的两端都应该是预示欺诈的强烈信号（signal）。而中间的新旧适中的车辆则是欺诈的弱预示。这时候可以赋予两端高数值，而赋予中间车辆低数值来进行处理。

3. 赋予不同信息不同的权重

上述的识别机动车保险欺诈的因子有 36 项，虽然每一项信息都有助于保险公司识别欺诈与否，但是，每一项信息所起的作用是不一样的。并且因为欺诈的类型不同，信息的轻重也不一样。注意将信息根据需要进行轻重缓急的分类，赋予不同的因子以不同的权重。从信息经济学的角度来看，获得信息是有成本的，因此，识别机动车保险欺诈关键在于，以较低的成本获得重要的信息来判定欺诈。并且，由于相关性的存在，信息之间可能包含相同的成分，例如，被保险人以现金支付，可能预示不良的信用记录，过往大量的索赔，以及曾有的犯罪记录等，这些信息都包含对被保险人负面的特征描述，有时候不是三项信息同时需要，可以以一项为重点，作为主要信息，另外两项作为辅助

---

① 刘汉良．统计学教程 [M]．上海：上海财经大学出版社，2005．

信息。

四、我国机动车保险欺诈识别中的数据及信息难点

机动车保险欺诈的识别中，数据及信息是最初始的资料，但也是最关键的资料。对欺诈的识别能起到效果的信息要求是：准确的、全面的、低成本的。数据或者信息失真、缺失，这会对后续的模型处理产生很大的影响，并且导致识别的准确性大大下降。数据要求是全面的，或者是尽可能全面的，这是因为根据单一信息来识别欺诈是不可行的，识别的成功概率太低。但是信息也不是越全面越好，因为信息的获得是有成本的，必须权衡获取信息的成本和收益。

我国的机动车保险欺诈之所以不能很好地展开，与信息的不足息息相关：

横向来看，保险公司之间信息不互通，因此，想获得被保险人过往的全部理赔记录基本是不可能的。尤其是被保险人经常转换保险公司的情况。另一方面，保险公司与其他机构之间信息也是不互通的。例如，保险公司与银行之间信息阻隔。保险公司不能获得被保险人不良信用记录，而与司法机构之间信息也不互通，对于被保险人是否有过往的犯罪记录也只能凭被保险人自己的如实告知。横向的阻隔，导致信息的不全面，获得信息的成本上升。保险公司在欺诈识别中不得不逐一向其他机构获得相关信息，导致识别的成本增大。

纵向来看，信息的时间不一致。被保险人或者被保险车辆在投保之前的信息和投保时的信息掌握在代理人或者中介机构手中，而出险时的信息掌握在被保险人手中、索赔时的信息掌握在理赔人员手中，信息在时间上不连贯，会导致信息链的断裂，使得机动车保险欺诈的识别无法从整个时间内寻求验证。

第二节　机动车保险欺诈识别的数理工具

道德风险容易引致保险欺诈，这在保险相关研究中似乎已经达成共识，但是这个单一的工具和视角，一度使对保险欺诈的研究陷入停滞（Derrig，2002）。事实上，从道德风险中解脱出来，独立对保险欺诈进行研究是从20世纪80年代后期才开始的，90年代开始逐渐出现量化的工具。

一、国际机动车保险欺诈识别模型综述

美国麻萨诸塞州曾一度因为机动车保险欺诈的蔓延而一再提高机动车保险

费率、导致机动车保险市场的危机。① 正是由此，90 年代后期至今，美国财产保险研究中很大一部分力量集中在保险欺诈的识别方面，并取得很好成效，具体体现在数据收集、模型构建及实证分析。

从数理工具的类别来说，识别机动车保险欺诈的模型体现了以下特点：

1. 早期的欺诈识别主要集中在统计中的回归工具应用。例如，PROBIT 模型在欺诈识别中的应用，LOGIT 模型，甚至是简单的回归分析的应用。但是，随着欺诈手段的多样化，这种识别越来越失效。尤其是单因子的识别，局限性已经很明显。

2. 90 年代末至 21 世纪初的研究在早期回归分析的基础上，将模型进行拓展。一方面是将模型的参数进行扩展，另一方面是将识别的因子进行扩展。这当中取得成效并被广泛推广的是 AAG 欺诈识别模型。该模型吸收了早期回归分析的优点，并进行拓展，在数据的处理上寻求更好的数学处理方法，例如，引入对参数的极大似然估计，以及对不规则数据的处理手段等。

3. 识别模型和识别工具的多样化。虽然回归方法在欺诈的识别口已经比较成熟，但是，机动车保险欺诈的多样性，往往使得单一的识别手段受到很大限制。所以，从其他领域引入新的、多样化的识别技术和手段正在兴起。一是电子技术的引进，例如 EFD（电子欺诈识别法），将计算机化的手段引入欺诈的识别中，节约了识别成本；二是借鉴神经元网络方法（ANN），将生物方向的研究手段引入到保险欺诈的研究中，也已取得初步成效。

试图将这些欺诈识别方法进行比较，并区分优劣，是不正确的。实际上，通过前面机动车保险欺诈成因的分析我们已经知道，机动车保险欺诈有原生性的，有诱致性的、也有投机性的；欺诈的预警指标可能是与被保险人相关的数据、也可能是与被保险车辆相关的数据；欺诈可能是单一的，也可能是合谋的。试图用一种识别方法去准确识别所有类型的欺诈是有失偏颇的。更多的情况下，是以一种识别方法为主，而以其他的识别方法为辅，共同来识别和验证机动车保险欺诈，使得识别的准确率大大提高。另一方面，不同的欺诈识别模型对数据的要求是不同的，这点要根据已占有的数据情况来选择识别的模型。

二、AAG 欺诈识别模型分析

AAG 模型是 2002 年，Artis、Ayuso 和 Guillen 三位保险学者在 multinomial

① Weisberg H. I. R. A. Derrig, and X. Chen, 1994, Behavioral factors and Lotteries Under No – fault with a Monetary Threshold: A study of Massachusetts automobile Claims, Journal of risk and insurance, 61: 245 – 275.

logit 模型的基础上进行改进所创立的保险欺诈识别模型。[1] 这个模型不仅适用于机动车保险欺诈的识别，还适用于人身伤害保险欺诈的识别。在机动车保险欺诈识别的实证中取得很好的效果。

该模型简单表述如下：

$$P_{ij} = P\ (r_{ij} = 1 \mid x_i) = \frac{\exp\ (\alpha_j + x_i\beta_j)}{\sum\limits_{j=0}^{1} \exp\ (\alpha_j + x_i\beta_j)},\ j = 0,\ 1$$

其中，$(r_{i0},\ r_{i1})\ r_{i0} = 0$，当第 i 个索赔是诚实索赔时，反之，

则 $r_{i0} = 1$

r_{i1}，欺诈时

α，β 是待估计的参数，

x_i 是外生变量

上述公式转化成对数形式表示为：

$$Log = \sum_{i=1}^{n}\ \big[\ r_{i0}\log\ (P_{i0}) + r_{i1}\log\ (P_{i1})\ \big]$$

采用极大似然估计参数 α，β

在 AAG 模型识别机动车保险欺诈的研究中，运用美国的机动车保险数据进行分析取得很好的效果。该模型的有效性采用如下方式进行检验，也即，欺诈性索赔被认为是诚实索赔的概率：

$$E\ (r_{i,01} \mid r_{i0} = 1)\ \frac{P_{i01}}{P_{i00} + P_{i01}} = \frac{P_{i01}}{1 - P_{i1}}$$

Steven（2005）等学者采用西班牙机动车保险市场数据，运用 AAG 模型总结出机动车保险诚实索赔及欺诈索赔的不同特征，并且清晰地将模型区分为识别诚实性索赔和识别欺诈性索赔，这对以后机动车保险欺诈识别模型效果的研究提供了新的指标。这些特征包括：

（1）驾驶员的年龄，年轻未婚的驾驶员，出险的概率较大，而中年已婚的驾驶员出险概率较小。

（2）被保险车辆的用途，分为营业用车辆还是非营业用车辆。

（3）是否有交警出示的事故证明书。

以上三项指标对于判定诚实性索赔效果明显。

（1）被保险人的索赔次数

---

① Steven B. Caudill、Mercedes Ayuso and Montserrat Guillen，Fraud detection using a multinomial Logit model with missing information，the journal of risk and insurance，2005，Vol. 72，No. 4，539 – 550.

（2）保单是否含括第三者责任险

（3）被保险人是否承认在事故中有过失或过错

（4）事故发生在郊区还是市区

（5）事故发生在白天还是夜间

（6）被保险人是否能提供目击证人

（7）事故中是否涉及被保险人的亲属

（8）索赔的时间在出险一周以后，而不是及时索赔

AAG 模型表明，以上的八项指标对于识别欺诈性索赔比较有效。

在对机动车保险欺诈的识别中，与一般的模型相比，AAG 模型具有以下三方面的改良优势：

1. 对数据的要求降低。用一般回归模型进行机动车保险欺诈的识别时，要求机动车保险索赔数据符合正态分布，并且协方差矩阵是相等的。这对新设立的保险公司来说，有很大的困难，因为索赔数据不多，并且数据不一定符合正态分布，这会导致模型的识别成功率下降。而 AAG 模型对数据的要求比较简单，不要求正态分布，使得模型的适用范围有了很大的提高。

2. AAG 模型能够处理数据缺失的情况。机动车保险索赔中，被保险人提供的数据或信息缺失是很常见的情况，尤其是在小额的索赔中，提供的索赔单证本来就比较简单，不可能包含很多信息。例如，2000 元以下的索赔，不要求交警的事故认定书，同时，我国机动车保险索赔中，一般不要求提供第三方目击证人。这都会导致识别的模型中出现数据缺失的情况。AAG 模型能够处理数据缺失的情况。

3. AAG 模型取得很好的识别效果。三位学者采用 1995 年至 1996 年西班牙机动车保险市场的索赔数据进行实证分析，结果证明，使用这个识别模型能够识别绝大部分的欺诈案件，只有 5% 的机动车保险欺诈通过这个模型会被认为是诚实性的索赔。[①]

三、PRIDIT 欺诈识别模型分析

Pridit 分析又称为参照单位分析，其含义是"相对于某一特定分布的单位"。它是一种比对分析的方法，常是将等级资料中例数较多的一组分布作为一个特定的分布来计算各等级的参照单位值（R 值），再参照这些 R 值计算各

---

① Artis & Guillen, 2002, Detection of auto insurance fraud with decrete choice models and rrisclassified claims, journal of risk and insurance, 69（3）: 325 – 340.

组的加权平均 R 值并进行假设检验。2002 年，由 Patrick 和 Derrig 首先将 PRIDIT 模型引入到保险欺诈识别的研究中来。[①]

该模型如下：

$$B_{ti} = \sum_{j<i} \hat{p}_{tj} - \sum_{j<i} \hat{p}_{tj}$$

$$i = 1, 2, 3, \cdots k_t$$

这里的 t 表示机动车保险欺诈识别的因子变量。

$$W_t^{(\infty)} = \frac{A_t}{(\mu_1 - U_{tt})\sqrt{\sum_{s=1}^{m} \frac{A_s^2}{(\mu_1 - U_{ss})^2}}}$$

设 $F = (f_{tt})$ 表示在每个 $t = 1, 2, 3 \ldots m$ 时 Pridit 变量分值的模型。

又 μ_1 表示 $E(F'F)$ 的最大特征值，在 PRIDIT 模型中，U_{ss} 是因子分析中唯一的变量。并且，A_t 满足下列公式：

$$A_t = \sum_{i=1}^{k_t-1} \sum_{j>1} \{\pi_{ti}^{(1)} \pi_{tj}^{(2)} - \pi_{ti}^{(2)} \pi_{tj}^{(1)}\}$$

$\pi_{tj}^{(1)}$ 表示，第 1 组中的保险欺诈比例，当满足欺诈识别变量 t 在第 j 个类别时；$\pi_{tj}^{(2)}$ 表示第 2 组中诚实索赔的比例，满足欺诈识别变量在第 j 个类别时。

前述因子分析中我们已经知道，在欺诈的识别中，不同信息的价值是不同的，但是究竟应当赋予因子多大的权重，Brockett 等人（2002）在 Pridit 模型下采用美国机动车保险数据得到如下结论：

表 4-1　机动车保险欺诈识别因子及权重

因　　子	含　　义	权　　重
ACC1	没有交警现场报告	0.33
ACC2	事故中无目击证人	0.15
ACC15	小碰撞却引起大损失	0.57
CLT2	车辆有出险记录	0.28
CLT8	居住在高索赔区	0.35
CLT11	对索赔流程十分了解	0.48

---

① Patrick L Brokett, Richard A Derrig, Linda L Golden, Arnold Levine and Mark Alpert, Fraud classification using principal component analysis of Ridit, the journal of risk and insurance, Vol. 69, No. 3, 341 – 371.

因　　子	含　　义	权　　重
INS1	有既往索赔记录	0.12
INS3	被保险人承认有过失	0.13
INJ1	事故中有轻微受伤	0.72
INJ2	没有受伤的证明材料	0.61
INJ4	拒绝医疗复检	0.16
INJ5	没有急症记录	0.42
TRT1	多次进行脊柱治疗	0.65
TRT7	无故延长治疗	0.18
TRT9	医疗审计中发现问题	0.28

（注：ACC 表示事故特征因子；CLT 表示索赔特征因子；INS 表示被保险人及驾驶员特征因子；INJ 表示事故中的受伤特征因子；TRT 表示治疗特征因子）

诚然，这只是针对美国的欺诈数据得出的识别因子及对应的权重，在我国的具体分析中要依据情况而有所调整。

在机动车保险欺诈的识别中，与一般的保险欺诈识别模型相比，PRIDIT 模型具有以下四方面的特征：

1. 模型除了识别车身险的欺诈，还适用于识别人身伤害保险欺诈的情况。机动车保险虽包括车身险和人身伤害保险，但是二者的经营原理是不同的，所体现出来的欺诈形式和手段也有很大差异。一般的回归模型和 PROBIT 模型只能分开对二者的欺诈单独进行识别，但是，PRIDIT 模型因为采用的是比对的原理，可以将二种欺诈的识别同时进行。PRIDIT 模型采用的是设立标准组，这个标准组是正常索赔的车身险和三者险的数据，然后将各种索赔与之相比对，计算其参照单位值（记为 R 值）。这种数据处理方法在识别的过程中不对数据进行性质上的分类，所以能将人身伤害的欺诈识别也含括进来。

2. PRIDIT 模型有很强的数据处理优势。传统的识别模型要求符合一定的统计特征，但是，由于信息获取的成本因素，保险公司的理赔人员不可能获得所需要的全部数据，而 PRIDIT 模型能够处理非线性数据，缺失数据等情况。[1]

---

[1]　Brokett. P. L, R. A. Derrig and X. Xia, 1998, Using Kohonen's Self - Organization Feature Map to Uncover Bodily Injury Claims Fraud, journal of Risk and Insurance, 65：245 - 274.

在美国，索赔的数据获取还有一个法律上的障碍：有些被保险人和被保险车辆的信息被视为隐藏的私人信息，保险公司不能强行要求被保险人提供这方面的信息。正是出于这种考虑，现在的模型正在走向对数据要求的弱化这个方向。

3. 实际应用中 PRIDIT 模型有很强的灵活性。保险公司可以根据自身数据库中所储存的理赔记录，建立自己的标准组，这可以避免大型保险公司和小型保险公司在机动车保险欺诈识别上一刀切的弊端。另一方面，保险公司可以根据经营需要，设立不同程度的置信区间，以此来调节识别欺诈的成本高低，精确度越高的欺诈识别，可能跟随着高额的识别成本。

4. PRIDIT 模型具有缩短学习曲线的效应。实际上，机动车保险欺诈与反欺诈是一个反复循环的过程，存在着"欺诈与反欺诈的较量"，当保险公司识别欺诈的成功率上升时，被保险人可能实施新的欺诈手段，这要求保险人更新欺诈的识别方法，如此反复动态地推进。一般的识别模型可能会因为关键参数的变化而失去识别的效果，但是 PRIDIT 模型可以通过标准组的更新和修正来跟踪欺诈的手段变化。也就是说，保险公司能够缩短识别欺诈的学习成本。

四、EXPERT SYSTEM 欺诈识别模型分析

专家系统法在机动车保险欺诈的识别中属于理论上比较成熟，并且已经在保险公司的理赔实践中使用的识别方法。专家系统法的工作步骤如下：

首先，分离索赔指标。通过对加拿大机动车保险索赔数据的统计分析，从中分离出能起到预示保险欺诈的指标。这些指标被按照不同的类别分类，一共有 50 项指标，这 50 项指标来描述一份索赔的特征。

其次，开发相应的软件。以这 50 项指标为基础，通过开发相应软件，一般是以 PROBIT 模型为基础，将 50 项指标数值代入计算的模式开发相应计算机软件。同时，在模型中对于有相关性的变量，在不损害变量蕴含的有效信息的基础上，做数学上的处理。

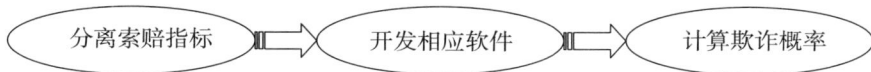

图 4 - 3 专家系统识别欺诈的流程

最后，将开发出来的软件进行应用推广。依据专家系统法设计的识别软件具有普遍性，因为蕴含的指标丰富。但是每家保险公司在使用的过程中，需要作相应的调整。例如，承保公务用车与承保私人用车，有不同的欺诈手段，体现为给相同的指标值赋予不同的权数。通过这种调整之后，这种欺诈识别的专

家系统软件就可以开始工作了。将每一份索赔，根据指标分项输入，通过该软件计算，能够快速给出一个欺诈的可能性概率。

专家系统欺诈识别方法是一种将理论研究与电子技术相结合，从而能够在实践中得以运用的技术方法。与前述的其他方法相比，有如下特点：

1. 专家系统识别法速度最快。因为有计算机的辅助计算，只需要在软件开发的过程中，将模型很好地建立起来，之后的索赔都是一个计算机运算的过程。而前述的欺诈识别方法，还仅仅只是理论上的探讨，在实际运用中，不可能对每个索赔建模进行计算，同时，参数计算的复杂性也削弱了上述模型的实用性。

2. 识别指标全面。专家系统法在指标的选取上，采用加拿大保险局（Insurance Bureau of Cananda）的理赔数据，同时选定魁北克省 20 家最大的经营机动车保险的保险公司，这 20 家保险公司占据市场 78.5% 的份额，因此数据具有很大的代表性。给这 20 家保险公司发放的问卷，收回 2509 份，为 98% 的回收率。① 所以，数据选取广泛，同时指标建立过程中有来自于保险专家、保险公司的资深理赔人员的中肯意见，使模型的指标体系比较健全。

3. 识别系统有较强灵活性。计算出每个索赔的欺诈概率之后，将其与阈值相比，高于阈值的进行分流处理，在分流处理的过程中考虑欺诈识别的成本，小额但是高成本的识别，以理赔人员快速第二次核赔来处理，而高额的高概率的欺诈，则进入到第三层的特别处理程序。能够将小额索赔和大额索赔区分处理，同时能充分考虑欺诈识别的成本与收益。

五、其他欺诈识别模型及评价

国际上对机动车保险欺诈有较长时间的研究，并且融入新的技术，开发出新的识别手段和工具。这当中比较有影响的是神经元网络识别方法和决策树方法。

1. 神经元网络方法（ANN）。是基于生物学理论，在现代神经科学研究的基础上，对生物神经系统的结构和功能进行数学抽象、简化和模仿而逐步发展起来的一种新型信息处理和计算系统。人工神经网络是人工智能方法，它不像回归方程那样需预先给定基本函数，而是以实验数据为基础，经过有限次的迭代计算而获得的一个反映实验数据内在联系的数学模型，具有极强的非线性处理、自组织调整、自适应学习及容错抗噪能力。它善于联想、概括、类比和推理，而且具有很强的自学习和记忆能力等特性，善于从大量的统计资料中分析

---

① Bachir belhadji and Georges Dionne, Development of and expert system for the automatic detection of automobile insurance fraud, the journal of risk and insurance, 1997.

提取宏观统计规律，解决了不少传统计算方法难以解决的问题。神经网络可以将复杂的反应过程视为"黑箱"，只考虑因素和结果的映射关系而避开过程的复杂性和不明确性。1986 年 Williams 提出反向传播算法使得神经元网络法在各个领域得到广泛应用。①

在机动车保险欺诈识别的神经网络模型中，当输入索赔资料后，系统会以目前各信息的权重计算出相对应的欺诈预测值及误差，再将误差值回馈到系统中调整权重。经过不断地重复调整，从而使预测值渐渐逼近真实值。这种动态非统计模型方法是一种依循经验来推理的方法，就是以过去发生的机动车保险欺诈案例为主要经验，通过相似度推演来判断目前索赔可能是欺诈索赔的概率。

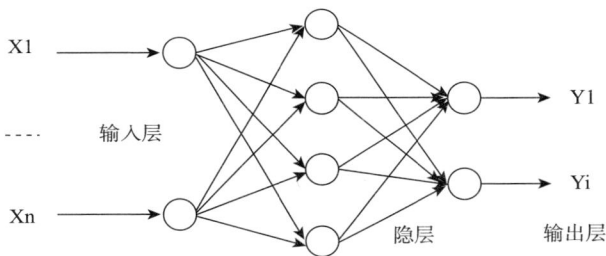

图 4 － 4　神经元网络法的原理

当输入一个新的索赔案件到案例推理法系统，系统会从现有的案例库中搜寻相似的案例，判断新案例是否是欺诈，其关键步骤就是根据相似性演算法测算出案例之间距离，再转变为案例之间的相似度，由相似度选取最相近的案例，据此进行推理判断。

其实，仅考虑可操作性的话，此方法对我国目前保险欺诈的识别更为可行。因为我国目前还没有足够的数据去计算因子的权重，同时，参数也因数据的缺失而难以建立，但是已有的欺诈案例却是存在的，通过反复地迭代运算，建立一个初步的神经元网络是可行的。需要注意的是，考虑到险种之间的差异，不能建立适用于所有险种的统一模型，而只能分险种，分别建立其对应的神经元识别模型。

2. 决策树方法。决策树方法是用来解决风险决策问题，因其采用直观表示的图示法，表示的图形状像树，所以被称为决策树。决策树表示法有许多优

---

① 从爽. 面向 MATLAB 工具箱的神经网络理论与应用［M］. 合肥：中国科技大学出版社，1998.

点。决策树表示法方便简捷、层次清楚，能形象地显示决策过程。决策树的结构如图所示。图中的方块代表决策节点，从它引出的分枝叫方案分枝。每条分枝代表一个方案，分枝数就是可能的方案数。圆圈代表方案的节点，从它引出的概率分枝，每条概率分枝上标明了自然状态及其发生的概率。概率分枝数反映了该方案面对的可能状态数。末端的三角形叫结果点，表示各方案在相应状态下的结果值。

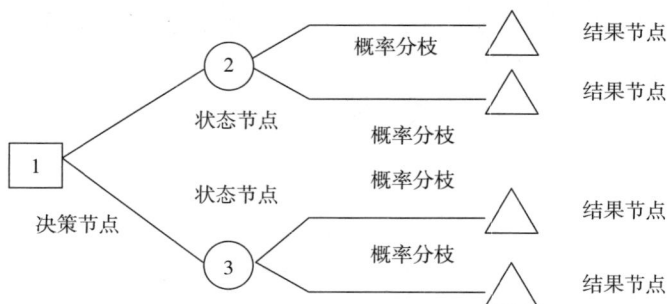

图 4-5　决策树结构

应用决策树来作机动车保险欺诈识别的决策过程，是从右向左逐步推演进行分析，也即反向逆推分析。根据右端的损益值和概率枝的概率，计算出期望值的大小，确定方案的期望结果，然后根据不同方案的期望结果作出选择。方案的舍弃叫做修枝，最后的决策点留下一条树枝，即为最优方案。当所要的决策问题只需进行一次决策就可解决，叫做单阶段决策问题。如果问题比较复杂，而要进行一系列的决策才能解决，就叫做多阶段决策问题，多阶段决策问题采用决策树决策方法比较直观容易。

事实上，决策树方法对于机动车保险欺诈的识别而言是不能单独使用的，需要结合前述通过 AAG、Pridit 计算出的索赔欺诈概率作为决策树的基础，也即概率分支，但是这种方法毕竟为欺诈的识别提供了一种思维视角。

综上所述的 AAG 方法、PRIDIT 方法、专家系统法、神经元网络法、决策树法、PROBIT 法，从使用的便捷程度来说，专家系统法最方便快捷；PROBIT 方法是最基本的方法，但是因为对数据要求较高，应用上较为狭隘，在 PROBIT 基础上拓展的 AAG 方法能够避开数据的特殊要求，方便处理保险索赔中数据缺失的情况。而 PRIDIT 方法、神经元方法及决策树方法还具有一个特殊的优点，能够自我调节，这种自我调整的能力能够使模型适应新的欺诈手段和新的理赔数据。

第三节　机动车保险欺诈的识别流程

一、我国机动车保险理赔流程中的欺诈识别

我国机动车保险理赔流程如下图所示。出险后，被保险人在规定时间内向保险公司报案，一般是两周之内，并填写索赔申请，保险公司接到报案后，根据索赔金额的大小来决定处理的流程。一般 2000 元以下的索赔视为小额索赔，5000 元以上的属于大额索赔，两种不同金额的索赔适用不同的理赔程序：

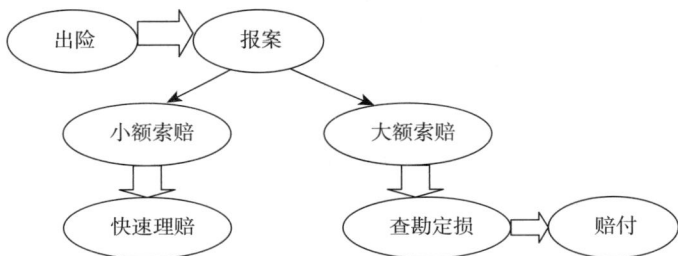

图 4-6　我国机动车保险理赔流程①

1. 小额索赔处理和欺诈的识别。对于 2000 元以下的小额索赔，保险公司一般要求被保险人提供索赔单证即可，保险公司对单证进行核实，如果单证属实，保险公司快速赔付，有时甚至是当场给付保险金。小额索赔当中，不要求被保险人提供交警的事故证明，保险公司的定损人员也无需到现场进行查勘、定损，很大程度上是凭借被保险人的索赔单证给予赔付。这个步骤中，对欺诈的识别仅仅在单证的核实这一环节，并且采用的是简单和快速的书面核实。

2. 大额索赔的处理和欺诈的识别。根据损失金额和索赔金额，当索赔的金额较大时，机动车保险的理赔进入另一个程序，即保险公司派现场查勘人员进行查勘，同时对车辆的损毁进行定损，修理完毕给予赔付。可以看到在大额索赔当中，对于欺诈的识别多了一个查勘定损的环节，通过对交通事故现场的查勘、并就损失进行定损能够确保出险事故的真实性，确保车辆的损失与出险的事故之间是有因果关系的。如果查勘定损的结果表明索赔是疑似欺诈，则保险公司会要求被保险人提供进一步的证明材料，以进行核赔，这些操作都是通过人工的方式进行处理的，所以大额索赔往往费时较长，并且在材料的进一步

---

① 唐运祥. 中国非寿险市场发展研究报告 2004 [M]. 北京：中国经济出版社，2005：134.

核赔中易出现核赔人员的疏忽导致的错误赔付，及错误识别欺诈案件的情况。

通过上述流程的分析，可以看到，我国的机动车保险理赔并没有单列的欺诈识别环节，而是嵌入在整个理赔流程中的，没有在理赔中配备专门的欺诈识别人员；另一方面，我国的机动车保险理赔采用的基本是人工操作的方式，单证的核实处理还没有实现电子化，只是将理赔的金额和结果输入保险公司的数据库，是一种事后的电子备案方式。

二、美国及加拿大机动车保险理赔及欺诈识别系统

美国及加拿大机动车保险的理赔和欺诈的识别流程如下图所示。被保险车辆出险以后，被保险人一般通知警察来进行处理，同时向保险公司申请索赔，并提交相应的单证。这些单证的信息进入理赔识别系统。识别系统中设立了识别指标，被保险人的索赔数据与系统指标进行比对，当识别系统给出该索赔的欺诈概率，这个概率与保险公司设立的基准概率相比较，小于基准概率的，视为正常索赔案件，保险公司给予快速理赔；当欺诈概率远远大于基准概率时，该索赔被视为疑似案件，转入疑似案件处理程序。

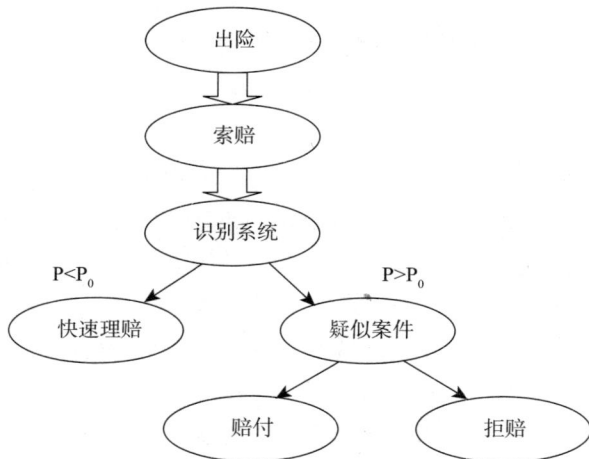

图 4 - 7　美国及加拿大机动车保险欺诈的识别流程[1]

---

[1]　Bachir belhadji and Georges Dionne, Development of and expert system for the automatic detection of automobile insurance fraud, the journal of risk and insurance, 1997.

将我国的机动车保险欺诈识别流程与美国及加拿大的识别流程进行比较，可以发现以下两方面的显著差异：

1. 美国及加拿大保险欺诈识别流程的电子化程度高。这具体体现在两方面：一则，远程定损系统的应用，如果出险的事故在较远的地方，保险公司的理赔人员可以通过远程定损系统来定损，我国现在虽也有部分保险公司开始采纳该系统，但是整体上看，适用率较低。二则，索赔单证的电子化处理。在美国及加拿大，被保险人的机动车保险索赔输入电子系统，由欺诈识别程序自动匹配，能够快速识别欺诈，而我国的理赔则大多采用人工操作，理赔的流程中没有识别欺诈的电子化环节。

2. 我国的机动车保险理赔是以索赔金额的大小来选择理赔的处理方式；而国际上大多是以欺诈概率的大小来选择相应的处理方式。我国因为不采用电子化索赔处理，仅凭理赔人员的人工操作是不可能计算出所有索赔的欺诈概率的，所以，为了节约人力成本，提高理赔的效率，只能对小额的理赔进行简单的、快速的处理方式；而将主要的力量集中在大额索赔的核实、调查上。而美国及加拿大采用先进的计算机技术无需理赔人员即可快速计算索赔的欺诈概率，然后将概率较高的疑似案件加以深入处理。这种差异是导致我国机动车保险索赔中，小额的索赔欺诈基本无法识别的原因，而事实证明，就案件数量来说小额欺诈占据绝大部分比例。

三、举证责任与疑似机动车保险欺诈案件的处理

当识别系统给出的欺诈概率值较高时，该索赔被认为是疑似欺诈索赔，需要进入特别处理程序，也即进行第二次欺诈与否的识别，以确定保险公司是拒绝赔付还是给付保险金。由于法律对于保险公司的给付保险金有时间上的限制，保险公司不可能无限制地寻求进一步的证据，而只能在符合要求的理赔时间内给出欺诈或理赔的肯定。

各国的法律对于保险欺诈采用的是推定无欺诈，如果保险公司认为是欺诈则法律上要求保险公司进行取证。也就是说，保险公司在没有欺诈证据支持的情况下，应该推定索赔是正常的，并给付保险金。举证的义务由保险公司承担，这无疑影响了机动车保险欺诈识别的成功率。

为了不违反法律，同时考虑到保险公司的经营成本，对于疑似欺诈的机动车保险索赔案件，保险公司会依次进行如下处理：

1. 对于被保险人提供的索赔资料，再次进行审核。因为索赔系统只是依据设立的关键指标进行欺诈识别，当案件有疑点时，必须回到原始的索赔资

料，以寻找在资料中被忽略的有用信息。这个步骤主要集中在核实机动车保险索赔单证的有效性上，同时，对定性资料深入挖掘。

2. 如果上述资料核实没有发现疑点，对于小额索赔，保险公司可以就此给予赔付。这主要是出于成本的考虑。但是，对于大额的赔案，保险公司可以要求被保险人提供进一步相关资料，如果被保险人提供的相关资料准确可靠，保险人给予赔付。但是可能遇到被保险人无法提供进一步资料的可能性，这种情况下保险公司必须寻求另外的处理程序，例如寻找独立第三方协助定损。

3. 上述疑似案件在前面两道手续分析下，仍无法识别时，保险公司必须启动一些特别程序。一般是把案件交给特别处理科，可以是公司内部的，也可以是公司外部的独立调查公司；而对于案件涉及金额重大，并有其他金融犯罪，或者团伙犯罪倾向的案件，保险公司须将案件交给保险欺诈局，由保险欺诈局对案件进行协助调查，并启用一些索赔案件的应急处理方式。

四、我国机动车保险欺诈识别流程的改进

机动车保险索赔，案件数量众多，资料繁琐，要在所有的索赔中，将欺诈性索赔准确无误地识别出来，需要保险公司关注两方面的环节：

1. 大额与小额的界定。现在国内的财产保险公司大多采用一刀切的方式，对于 2000 元以下的赔案，基本认定为小额索赔，从而快速处理。实际上，对于小型的保险公司，大量的小额欺诈也会影响其正常经营，并且，因为经营的机动车保险数量没有大型保险公司多，可以适当降低小额的界定。其次，不同的区域，被保险车辆的价值不同，不考虑被保险车辆价值和保险金额的情况下，采用统一的大额索赔与小额索赔，可能会对不同保险公司产生不同影响。

2. 阀值的确定。电子化情况下，概率值为多少的机动车保险索赔应该被列入疑似案件，这关系到欺诈识别的成功概率，同时也关系到保险公司识别欺诈的成本。对于欺诈出现较多的保险公司，可以设定较低的阀值，而对于较少欺诈的保险公司可以增大阀值。阀值不是一个固定不变的设定，保险公司应该根据经营的业务量、过往欺诈的数量、理赔人员的工作负担、成本收益等各方面的因素综合考虑，动态地进行调整。

第四节 我国机动车保险欺诈识别的实证分析

在上述理论模型基础上，本节将以我国 2007 年机动车保险索赔数据进行欺诈识别的实证分析，同时将相关结果与美国实证结果进行比对，以此作为我国保险反欺诈对策建立的依据。

一、样本选择及分类

1. 研究地点及数据来源。研究地点是浙江、江苏和上海。研究数据来源于平安财产保险公司，就 2007 年保费收入而言，平安保险在我国财产保险公司中位列第三①，约占中资产险市场 10.4% 的份额，其索赔数据具有很强代表性。

2. 研究指标的分类。从平安保险公司华东区机动车索赔数据库中随机抽取欺诈及诚实索赔 60 组共 660 个数据，识别指标分为 18 项，但是经过相关性检验之后，剔除无效指标 8 项，分别是性别、年龄、车的用途、有无目击者、索赔金额、实际赔付金额、车损险或三者险、被保险车辆是否有故意或过失行为，剩余 10 项指标进行如下实证分析。

二、描述性实证分析

1. 定量指标。10 项指标中有 3 项定量指标：驾驶员的驾龄是指到索赔时的实际驾龄，均值为 2.28 年；已有的索赔次数是指被保险车辆至今累计申请的索赔，均值为 1.93 次；出险时车的使用年限，均值为 0.95 年。

2. 定性指标。对其余 7 项定性数据进行如下定量化处理②：出险时间在白天或者夜晚，由于夜晚不利于保险公司现场查勘，此处将时间为早 7 点至晚 7 点赋值为 1，将晚 7 点至晚 10 点赋值为 2，其余时段赋值为 3；出险地点在市区赋值为 1，出险地点在郊区赋值为 2，出险地点在外省市赋值为 3；有交通事故认定书为 1，无交通事故认定书为 2；被保险人与驾驶司机同一人为 1，不同为 2；维修厂为 4S 店为 1，非 4S 店为 2；索赔人是车主为 1，不是车主为 2；保险公司查勘员赴现场为 1，不赴现场为 2。10 项指标的描述性统计分析结果如下表。

3. 描述性结果分析。这里 Jarque – Bera 检验的概率值表示：拒绝零假设犯第一类错误的概率，可以看到 10 项指标 Jarque – Bera 检验的 P 值都接近 0，表明至少在 99% 的置信水平下拒绝零假设，即样本不符合正态分布。指标类别中与被保险人或者驾驶员相关信息有 3 项；与事故性质相关信息 4 项；与维修相关信息 2 项，与被保险车辆相关信息 1 项。就各指标均值来看，驾驶员年

---

① 中国保险监督管理委员会：《2007 年 1 – 12 月财产保险公司原保险保费收入情况表》，2008 年 2 月 2 日，http://www.circ.gov.cn/tabid/434/InfoID/63412/Default.aspx，2008 年 11 月 4 日。

② 这里采用数值法描述定性数据的统计特征，参看王静龙，梁小筠：《定性数据统计分析》，北京：中国统计出版社，2008 年，第 7 页。

龄不大，既往索赔次数不多，出险时间大多不在交通高峰期，事故地点介于市区与郊区间，维修厂代为索赔情况较多。

表4-2　机动车保险索赔数据描述统计分析结果

	均　值	标准差	偏　度	峰　度	Jarque - Bera 检验	概　率
驾驶员的驾龄	2.28	2	1.398	4.572	17.144	0
已有索赔次数	1.93	0.267	-3.227	11.414	187.433	0
出险时车的使用年限	0.95	1.197	1.549	5.269	24.588	0
出险时间	2.63	1.39	2.667	9.452	116.778	0
出险地点	1.65	0.834	0.725	1.858	5.676	0.059
有无交警事故认定书	1.38	0.705	1.564	3.86	17.545	0
被保险人与司机关系	1.1	0.379	1.088	6.056	23.46	0
维修厂家类别	1.55	0.504	-0.201	1.04	6.669	0.036
车主/代理人索赔	1.4	0.496	0.408	1.167	6.713	0.035
查勘员是否赴现场	1.25	0.67	-0.324	1.224	1.702	0.427

（注：Jarque - Bera 检验指99%的置信水平，其零假设是样本服从正态分布。）

三、基于 Logistic 分布的二元选择模型实证结果及相关分析

被解释变量只存在欺诈索赔或者诚实索赔两种情况，因此实证分析采用二元选择模型（Binary Choice Model）。常用的二元选择模型可以分为标准正态分布和 Logistic 分布，上述的描述性分析已经证明此处索赔数据不符合标准正态分布，同时国际国内相关研究[1]表明，保险欺诈呈现递增态势，所以此处选择适合于增长趋势的 Logistic 模型进行 Eviews 分析，其实证结果如下：

表4-3　Logistic 分布下二元选择模型分析结果

	系　数	标准差	z - 统计	概　率
驾驶员的驾龄	0.229	0.245	0.936	0.349
已有的索赔次数	0.841	0.409	2.056	0.040
出险时车的使用年限	2.467	1.028	2.399	0.016

---

① 选用 Logistic 模型的依据参看：Steven B. Caudill、Mercedes Ayuso and Montserrat Guillen，"Fraud detection using a multinomial Logit model with missing information"，*Journal of Risk and Insurance*，Vol. 72，No. 4（2005），539－550.

续表

	系　　数	标准差	z－统计	概　　率
出险时间在白天或夜晚	1.849	1.033	1.790	0.073
出险地点在郊区或市区	－5.605	2.258	－2.482	0.013
有无交警的事故认定书	2.421	1.242	1.950	0.051
被保险人与驾驶司机的关系	1.237	0.978	1.264	0.206
维修厂家类型	3.415	1.172	2.913	0.004
索赔人（车主或代理人）	2.349	0.873	2.691	0.007
查勘员是否赴第一现场	－1.829	0.731	－2.502	0.012
回归标准差	0.358		LR 统计量	15.588
残差平方 4.734	LR 相伴概率	0.000		
对数似然值	－14.700	赤池信息		0.885
零模型的对数似然值	－22.493	施瓦茨信息		1.012

对二元选择模型实证结果的相关讨论：

1. 无效指标的剔除。从系数值来看，两个负值指标：出险地点及查勘员是否到现场得到的结果与理论分析不符。前述已经分析，我国保监会于 2005 年发布关于保险理赔服务的通告，为了缩短理赔流程，对于市区交通拥挤路段出险的小额赔付案件，各家产险公司一般不进行现场查勘，以使交通得以及时疏散，这使查勘人员是否赴第一现场及出险地点这两项指标失去欺诈识别的意义，而国际上这两项指标是重要的欺诈识别因子。

2. 弱显著指标分析。从 z 统计及其相伴概率看，其余识别保险欺诈的 8 项指标中，驾驶员的驾龄 z 统计相伴概率为 0.349，被保险人与驾驶司机的关系相伴概率为 0.206，也即驾驶员的驾龄以及被保险人与驾驶司机是否为同一人在识别保险欺诈中相关性不显著。这可能的一个解释是我国私有机动车的快速发展是近几年的事情，因此与美国及英国相比，驾驶员的驾龄普遍较短；同时私有机动车保险中被保险人往往就是驾驶员。

3. 显著性指标分析。从系数值看，识别保险欺诈最为显著的指标是维修厂的类别①，系数值为 3.415，二类机动车维修厂导致的保险欺诈最严重。在

---

① 参看中华人民共和国国家标准 GB/T16739.1－2004《汽车维修业开业条件》，将汽车修理厂分一类、二类和三类，各类维修企业的条件如场地、技术管理人员、技工及维修专用设备、机具等都有相应的要求。

我国保险经营实践中，理赔人员发现维修厂通过对维修车辆夸大损失、虚报零部件价格等手段实施保险欺诈的现象较为常见。同时结合索赔人指标也可以看到，被保险人本人提出索赔的欺诈小于维修厂代为索赔时的欺诈，这可基于保险合约中的激励—约束机制来理解：被保险人是合同的当事人，实施欺诈时就应该认识到，欺诈被识别的成本—下期保费的提高或者拒保；但是对于维修厂而言，由于不属于保险合同当事人，不受保险合同约束，并且，由于专业壁垒的限制，被保险人常常对自己的出险车辆应如何维修、更换哪些零部件并不了解，由此导致二类维修厂在维修和索赔时进行保险欺诈。

4. 出险时车的使用年限系数值为 2.467，识别的显著性仅次于维修厂类型这一指标。被保险车辆使用年限越久，被保险人越倾向去实施保险欺诈，这可能基于以下三方面原因：第一，车辆使用越久，越容易出险，因此从概率角度看，使用年限越久的车辆提出索赔越多，被保险人越容易夸大索赔；第二，被保险车辆接近满期报废状态，被保险人有通过保险欺诈获取购买新车费用的动机；第三，被保险车辆即将到期，意味着保险合同通过提高下期保费的激励－约束机制即将失效，被保险人也易产生保险欺诈。

5. 有无交警事故认定书系数值为 2.421，属于显著性的欺诈识别指标。有交警认定书的出险事故，被保险人实施欺诈的可能性较小，因为认定书将对事故双方的责任归属，受害程度等细节进行认定；而没有交警认定的出险事故，例如私了的交通事故，被保险人可能串通第三方共同对保险公司实施欺诈，或者出于息事宁人的目的而夸大保险索赔。

6. 出险时间在欺诈识别中的系数值为 1.849，属于较为显著的欺诈识别指标。白天行使的被保险车辆，由于路上行驶的其他车辆较多，不易故意制造事故进行欺诈；但是夜间行驶的被保险车辆，不论是交通管理人员还是行人都较少，被保险人较容易谎报出险时的情况实施欺诈。结合交警事故认定书这一指标来看，如果夜间出险时被保险人及时通知交警及保险公司，那么实施欺诈的可能性较低，相反，如果夜间出险时被保险人并没有及时通知交警，或者交警无法到达现场，那么被保险人隐瞒出险事故的状况就可能发生。

7. 已有索赔次数对保险欺诈的识别有影响，但是相对于其他指标而言影响显著性比较微弱。过往的索赔次数越多的被保险人越容易实施保险欺诈，这可能的一种解释是，被保险人索赔次数多，对保险公司索赔流程较为熟悉，对保险公司在单证审核方面较为了解，因此，可以更为隐蔽地实施保险欺诈。

四、我国机动车保险欺诈识别结果与美国实证结果的比较

通过上述分析，将我国机动车保险欺诈识别因子按识别贡献率大小整理如表4-4，与Brokett等人（2002）[1]在Pridit模型下采用美国机动车保险索赔数据得到的实证结果相比较，以此找出欺诈识别指标上的差异，并寻求导致差异的内在及外在因素。

表4-4　我国与美国机动车保险欺诈识别因子的比较

我国主要识别因子	系　数	美国主要识别因子	权　重
维修厂家（4S店、一类/二类修理厂）	3.415	事故中有轻微受伤	0.72
出险时车的使用年限	2.467	多次进行脊柱治疗	0.65
有无交警的事故认定书	2.421	没有受伤的证明材料	0.61
索赔人（车主或代理人）	2.349	小碰撞却引起大损失	0.57
出险时间在白天或夜晚	1.849	对索赔流程十分了解	0.48
已有的索赔次数	0.841	没有急症记录	0.42
参考因子		居住在高索赔区	0.35
被保险人与驾驶司机的关系	1.237	没有交警现场报告	0.33
驾驶员的驾龄	0.229	车辆有出险记录	0.28

对两组数据的讨论分析：

1. 共同的显著性指标分析。我国与美国机动车保险欺诈识别中共同的显著性指标主要有：是否有交警现场报告、车辆的既往索赔记录。这说明：一方面保险理赔中注重第三方提供的证明材料，例如交警或者其他公证部门出具的意见书，这些第三方材料具有很高的欺诈识别价值；另一方面保险公司内部要注重对被保险人及车辆过往信息的保存，以及保险公司之间建立信息共享平台[2]，这利于通过追索过往赔付记录识别保险欺诈。

2. 差异性指标分析。维修厂类别在我国是显著性的保险欺诈识别指标，在美国却是非识别指标，这是两国汽车维修行业经营模式的制度差异决定的。

---

[1]　Patrick Brokett & Richard Derrig ，"Fraud Classification Using Principal Component Analysis of Ridits"，*Journal of Risk and Insurance*，Vol. 69，No. 3（2002），342.

[2]　在保监会和各地公安局的共同推动下，截至2007年底已在北京、天津、上海、浙江等地建立"机动车联合信息平台"，但是全国联网的信息平台还有待实现，同时该平台仅限于机动车保险，未涉及其他险种。

美国采用事故车维修中心的经营方式，几家巨头以连锁经营的方式提供服务，同时接受保险公司的监管，在维修资格的获取、维修人员的培训、维修过程的诉讼机制等方面有完善的监管流程，因此维修厂在维修中依靠专业壁垒实施欺诈较少。而我国不同类别维修厂差异较大，有规范的4S及连锁维修，也有不规范的小维修厂，保险公司及监管部门对其监督管理还不全面。

3. 其他指标分析。美国机动车保险欺诈识别比较注重被保险人及第三者在事故中治疗的相关信息。我国与美国的差异主要是因为：一方面涉及机动车第三者责任险及附加医疗费用保险时，我国在这方面的电子数据欠缺；另一方面涉及医疗费用赔付时，我国保险公司对受害方及医院也缺乏监督机制，即与医院等第三方的协调机制还不完善。

第五节　机动车保险欺诈的识别效果分析

一、判定机动车保险欺诈识别效果的标准

机动车保险欺诈的识别需要信息收集、输入模型、计算概率、对疑似案件进行深入处理，与交警部门、司法部门等进行协作调查。不同的识别方法因采用的数据不同，识别信息的重点不同，导致识别的效果不同。判定机动车保险欺诈识别效果一般可以从以下三个角度考察：

1. 欺诈识别的成功率。也即正确识别的机动车保险欺诈案件占总索赔案件的比率。有两种表示方式，可以从案件的数量来衡量，也可以从识别的欺诈金额角度来衡量，分别表示如下：

$$R_1 = \frac{\text{正确识别的欺诈案件数}}{\text{总的索赔案件}}$$

也可以用正确识别的欺诈金额占总索赔金额的比率，即

$$R_2 = \frac{\text{识别的欺诈金额}}{\text{总索赔金额}}$$

2. 欺诈识别的错误率。识别出来的欺诈案件中，实际上是诚实索赔的案件，也即，识别的过程中出现第二类错误，将诚实的索赔识别为欺诈性索赔。可以表示为：

$$R_3 = \frac{\text{错误识别的案件}}{\text{总识别案件}}$$

$$R_4 = \frac{\text{错误识别的金额}}{\text{总的识别案件金额}}$$

3. 费用衡量。机动车保险欺诈识别还需要衡量相关费用，也即成本分析。这可以用以下方式衡量：

$$R_5 = \frac{\text{欺诈识别的费用}}{\text{正确识别的欺诈金额}}$$

目前，在使用的欺诈识别分析中，一般采用的是 R_2 指标，前述说到的美国、日本及我国北京、上海等地的欺诈识别效果都是采用这个指标衡量的。其实，对于保险软欺诈，案件数量是一个重要的指标，而成本费用指标则是目前转型时期，追求风险与收益均衡时不得不考虑的。所以，单一的指标是不可取的，应该根据险种状况、欺诈的性质和类别来选用合适的指标。

二、我国机动车保险欺诈的识别效果

我国机动车保险欺诈刚刚起步，从监管部门到保险公司已经开始意识到欺诈的严重性，但是具体的识别手段还没有完善，只是嵌入在机动车保险理赔的过程中进行。太平洋保险公司和平安保险公司虽已开始实行独立调查人制度，但是不论从人员配置，还是实际调查的机动车保险欺诈案件数量来看，还处于初级阶段。经与国内几家大型保险公司理赔部门的沟通了解到，我国目前并没有设立专业的欺诈信息库，保险公司识别出来的欺诈案件一般只是作为拒赔案件处理，而拒赔案件中并没有区分是欺诈导致的拒赔还是因为保险单失效、不属于保险范围等原因导致的拒赔。也即，在所有的拒赔数据中，不能分离出具体多少案件是属于机动车保险欺诈。导致这种状况的原因如下：

1. 国内对机动车保险欺诈与机动车保险拒赔的界定模糊。美国有专门的《保险欺诈法》，保险公司在识别的过程中有法可依，对于是否属于欺诈的界定，也可以得到法律的支持和认定。[1] 但是我国的保险法和其他相关法律只有保险诈骗的界定。与国际相比，我国的界定比较概括，在实际操作中没有细则可遵循；而且我国只有保险诈骗的界定，并且是以金额来认定，而国际上的保险欺诈一般是以实施的目的、实施的手段来认定。

2. 机动车保险欺诈的识别手段落后。我国的财产保险市场正在快速发展，机动车保险费率的市场化，使得保险公司更多地关注市场份额的变化，而欺诈的严格识别由于可能导致客户流失，保险公司在实践中一般不予实施。机动车保险识别技术的落后，一方面是保险公司经营理念还停留在争夺市场份额和以保费论英雄的思想所影响，另一方面我国机动车保险的计算机和电子化水平还

---

① Richard A Derrig, Insurance Fraud, journal of risk and insurance, 2002, Vol. 69, No. 3, 271–287.

不高，这客观上导致新型的机动车保险欺诈识别技术还不能在实践中应用。

3. 法律上的制约。我国的保险相关法律对机动车保险欺诈的识别有三方面制约：一是缺乏严格的保险欺诈的界定。小额的欺诈，即没有达到诈骗罪的欺诈，保险公司只能采用简单的拒赔方式进行处理，这导致保险公司疏忽对小额欺诈的处理，从而导致机动车保险欺诈越演越烈。二是法律细则缺乏。虽然保险公司具有将欺诈的被保险人诉诸法律的权利，但是，在举证的过程中，保险公司因为负有举证义务，导致欺诈的识别成本上升，同时，欺诈的认定、惩罚措施都不明朗，保险公司在操作中容易陷入困境。三是法律对理赔时间的强行规定。保险公司必须在一定的时间内做出赔付，这使得欺诈的识别陷入时间上的困境，保险公司不可能对欺诈在三天之内做出甄别，这是导致小额欺诈不能被识别的一项重要原因。

总之，我国的机动车保险欺诈识别在技术上比较落后，不能采用快速的、成本节约型的电子技术手段，并且受制于当前相关的法律法规，保险公司在机动车保险欺诈识别的过程中无相关法律可依。最后数据信息的缺乏，使欺诈识别和统计分析变得很困难。

三、国际机动车保险欺诈的识别效果

国际上，不同国家或地区采用不同的欺诈识别技术，这些技术各有优缺点。总体来看，专家系统法应用比较广泛，是因为它识别欺诈的错误率比较低，保险公司可以通过设定阀值的方式进行调节，所以当阀值设定较高时，欺诈识别的错误率就能降低，并且，识别的疑似案件还需要进一步地确认和调查，这可以从附加的人工操作层面上确保欺诈识别的成功率。但是，容易出现欺诈性索赔被识别为诚实索赔的情况。因为被保险人有一个自动学习的过程，当欺诈索赔被拒绝的时候，被保险人可以通过修正自己的索赔行为，不断地调整过程导致被保险人最后的索赔与系统流程的正确索赔相一致，这种自动学习和调整的过程导致系统识别的成功率降低。

Caudill、Ayuso 和 Guillen（2005）通过条件概率证明：在机动车保险欺诈中，一项机动车索赔被认定为诚实索赔，但实际上却是欺诈的条件概率等价于诚实索赔条件下的欺诈概率除以诚实索赔的概率。

而其他的识别技术，虽然识别的成功率比较高，甚至个别模型的识别成功率达到95%，识别的错误率最低的可以达到3%，但是，识别成本也比较高。复杂的识别模型无疑导致保险公司的识别成本上升。据美国保险欺诈局的数据表明，美国的保险公司为识别保险欺诈投入大量成本，虽然识别的成功率也较

高，但是各项识别的费用，例如人员费用、调查费用、信息费用、电子技术设备的费用等也是一项巨大的支出，甚至一度识别的费用几乎接近识别出的欺诈金额。识别成本成为一项重要的制约因素。

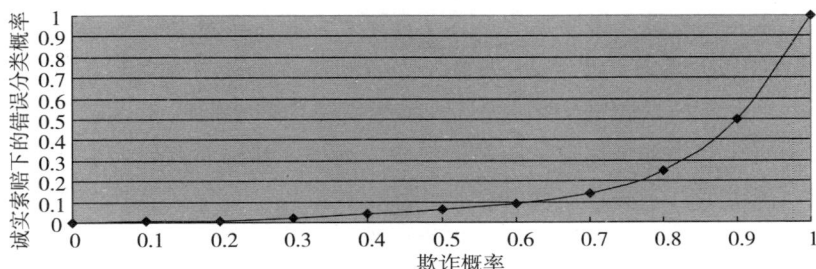

图 4 - 8　诚实索赔下识别欺诈的条件概率

（资料来源：Steven B. Caudill、Mercedes Ayuso and Montserrat Guillen，Fraud detection using a multinomial Logit model with missing information，journal of risk and insurance，2005，Vol. 72，No. 4，548）

国际机动车保险欺诈识别成功率较高还有一个社会原因：各国的法律部门和相关监管机构都积极支持对机动车保险欺诈的识别，美国有专门的欺诈法、欺诈局、各州有自己的欺诈数据库；英国有保险人协会协调保险公司之间共同反欺诈，加拿大也设立保险局来协调和支持反欺诈。同时，设立欺诈的举报热线，鼓励全社会的力量来共同监督欺诈行为。

四、机动车保险欺诈识别中面临的问题及关注的重点

机动车保险欺诈和反欺诈是一个无限博弈的过程，随着时间的推进，欺诈不论从数量、手段还是性质都发生很大变化。认清这些变化，并加以研究总结，有利于保险公司调整识别的技术，提高识别的成功率。这些趋势体现在：

1. 机动车保险欺诈的数量呈上升趋势。据英国保险协会的统计，保险欺诈已经成为白领犯罪的主要领域，而我国的相关研究也表明，从 80 年代至今，保险欺诈呈现急剧上升的态势，保险诈骗罪占诈骗罪的比例从 2.0% 左右上升到 13% 左右。不论是数额巨大的保险诈骗罪，还是小额欺诈均呈现上升态势，并且，由于人们对欺诈的容忍度上升，小额欺诈显得越加频繁。

2. 从手段上来看，机动车保险欺诈呈现出多样化特点。过去，被保险人往往采用重复保险的方式在不同保险公司之间进行欺诈，但是，现阶段被保险人的欺诈还涉及伪造单证、制造出险事故、与他人合谋共同实施欺诈，尤其是

和保险公司的理赔人员、汽车修理店的修理人员、事故中的第三方等共同实施欺诈。这种多样化的实施手段使保险公司识别的人力和物力成本极大上升，同时，合谋欺诈导致识别的难度加大。新的欺诈手段要求保险公司不断改进欺诈的识别技术，而制造出险事故等欺诈手段则已严重危害社会稳定。

3. 从性质上来看，欺诈呈现团伙化趋势。美国保险欺诈局的数据表明，机动车保险欺诈呈现团伙化趋势。[①] 机动车保险中的盗窃险尤其如此。大量有组织的团伙涉及机动车保险欺诈的案件中，这种团伙性质的欺诈给欺诈的识别带来很大困难。首先，团伙性的欺诈往往金额重大，有时甚至高达几百万、上千万美金，如果不能正确地识别，将给保险公司带来重大损失；其次，团伙欺诈往往是跨区域、甚至是跨国界的，这种流动性要求保险公司在欺诈的识别中需要借助其他国家或其他机构的力量联合进行。

基于上述分析，保险公司在未来的机动车保险欺诈识别中要关注以下三方面：

1. 技术共享，数据共建，携手识别欺诈。这是基于信息不对称的欺诈提出的策略，着力于消除国家之间的信息不畅，以及保险公司之间的信息不畅导致的欺诈。欺诈的跨国界现象使得机动车保险欺诈的危害具有很强的蔓延性，各个国家只有携手合作，将欺诈的信息、欺诈的识别技术和手段共享，才能识别团伙化的、跨国界的机动车保险欺诈行为。

2. 关注保险软欺诈，提高全社会对保险欺诈的正确认识。这是针对诚信弱化导致的欺诈提出的策略。由于车辆的流动性，保险公司不可能时时对其进行监控，这要求发动全社会的力量共同监督，前提是使人们明白，欺诈所带来的成本最终将由各个投保人共同分摊，以提高投保人的反欺诈意识。

3. 新的欺诈识别技术的拓展应用。这是基于保险合约的注定不完全性提出的策略。从博弈论的角度来看，实施欺诈的被保险人会不断调整欺诈的手段，而保险公司也将不得不调整欺诈识别技术，将计算机技术、指纹技术、生物识别技术等综合加以比较和应用，以提高欺诈识别的概率。

第六节　本章小结

保险欺诈的识别是一项技术性很强的工作，也是成功防范欺诈的基础。影

[①]　徐超. 美国车险欺诈升级为团伙犯罪 ［N］. 经济参考报，2006 - 9 - 5.

响机动车保险欺诈的因子是多方面的，有基于被保险人的信息，也有基于驾驶员、被保险车辆的信息，还有出险时事故现场的信息。本章通过对我国、美国、加拿大等欺诈识别的经验总结对这些欺诈识别的因子进行系统归类，并详细分析各种信息在识别中的重要性。同时，在充分研读国外相关文献的基础上，对欺诈识别中具有重要地位的几个识别模型，例如 AAG 模型、PRIDIT 模型、EXPERT SYSTEM 模型等作一个比对分析。我国目前的机动车保险经营由于电子化程度不高、同时保险公司之间存在信息共享的阻隔，这些识别模型在使用中存在很大困难，最重要的是理赔数据的缺失。因此，本章在此，对于每个识别模型，从数据的要求、索赔的分布、识别的效率、识别中适合的情况等进行详细分析，以期在未来条件成熟时能够正确地加以运用。此处只能采用实地调研获得的机动车保险索赔数据，基于二元选择模型进行我国机动车保险欺诈识别因子的实证分析。此外，还对我国目前机动车索赔中的识别手段进行剖析，创新性地指出保险欺诈的识别需要考量的指标，其中尤其要注意的是对欺诈识别的成本和识别成功所节约的赔付金额进行权衡。

第五章

我国机动车保险欺诈经济后果分析

机动车保险欺诈除了给保险公司带来直接危害，还将产生一系列间接危害。现代欧洲犯罪学研究者佛立德利希·凯尔兹教授在 20 世纪 80 年代初期曾指出："恶用保险制度的犯罪，最终将危害善良的保险大众，损及保险制度的社会功能。"① 当保险欺诈蔓延开来，并形成一定规模，保险公司和投保方之间赖以维系的最大诚信原则将彻底崩溃，保险机制将不复存在。保险欺诈的存在，不仅仅影响保险公司的盈利水平，还将导致诚实的投保人必须为获得保险保障而支付额外费用。以下将对机动车保险欺诈的各种直接和间接影响进行具体分析。

第一节　经济后果之机动车投保方

机动车保险欺诈贯穿于整个保险过程，从投保、承保到索赔。例如，投保时，投保人隐瞒有关车辆的重要事实；承保期间，故意制造保险事故；索赔时，夸大损失程度等。但是，保险欺诈被发现或者说被识别一般须等到索赔时点。欺诈被识别与否将产生不同影响：

其一，欺诈被识别的后果。根据美国保险欺诈局的研究表明，一项欺诈被识别的概率有 70%②，而我国由于数据和信息系统的不完善，同时由于保险公司经营方针的不同，保险欺诈被识别的可能性远远低于美国的水平。投保方实施保险欺诈被识别，较轻的惩罚是解除保险合同，严重的保险欺诈可能面临刑法的制裁。

---

① 王玥. 保险欺诈躲闪不及 [N]. 国际金融报，2003 - 2 - 21 (12).

② Derrig R A and V. Zicko, 2002, Prosecuting insurance fraud: A case study of the Massachusetts experience in the 1990s, Working paper, insurance fraud Bureau of Massachusetts.

其二，欺诈没有被识别的后果。如果一项机动车保险欺诈没有被识别出来，那么它将被作为正常的索赔给予处理，保险公司将按照索赔的数额给付保险金。那么，由此多支付的保险金会导致下一期的费率发生变化，而变化的程度与未被识别的欺诈金额成正比。

一、机动车保险欺诈被识别的经济后果

从前述的分析中可以看到，欺诈被识别的概率会影响被保险人的欺诈惩罚成本，并最终导致博弈的支付结构发生变化，改变博弈均衡解。对被保险人而言，机动车保险欺诈如果被识别，根据欺诈的轻重程度，可能面临以下四种情况：

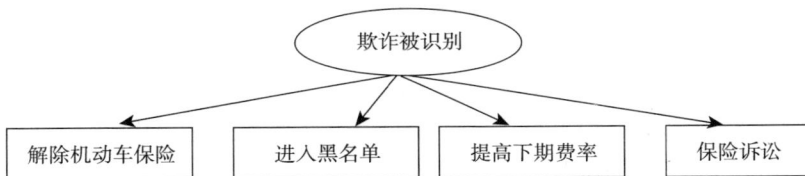

```
                    ┌──────────────┐
                    │   欺诈被识别   │
                    └──────────────┘
        ┌──────────────┬──────────────┬──────────────┐
        ▼              ▼              ▼              ▼
┌──────────────┐┌──────────────┐┌──────────────┐┌──────────────┐
│ 解除机动车保险 ││  进入黑名单   ││ 提高下期费率  ││  保险诉讼    │
└──────────────┘└──────────────┘└──────────────┘└──────────────┘
```

图 5 - 1　欺诈被识别的经济后果

1. 拒绝赔付，保险合同仍然有效。这是现在财产保险公司发现欺诈最通常的处理方法。事实上，在机动车保险欺诈中，约有 70% 的欺诈属于小额欺诈，仅仅是夸大车辆损失金额，或者提供虚假的保险索赔单证，如果是这种情况，根据我国《保险法》，保险人可以解除保险合同。当然，大多数保险人选择拒绝此次索赔，但是，为了维持业务，机动车保险合同仍然有效。这是被识别的机动车保险欺诈中最简单，也是最常见的处理方法。

2. 拒绝赔付，并解除机动车保险合同。这是针对比较严重的机动车保险欺诈，这里的严重包含两个方面，一是欺诈的数额较大，有些甚至已经构成了保险诈骗罪；二是欺诈的手段比较恶劣。财产保险公司一般选择解除保险合同，同时将投保人和被保险人计入黑名单，在下一次投保时，相应提高其保险费率。

3. 如果保险欺诈严重到被认定为保险诈骗罪，那么可能面临保险诉讼。根据保险法规定，一万元以上的欺诈就可以被认定为保险诈骗罪，但是，事实上，大多数一万元以上的欺诈都是以解除保险合同的方式处理，而不是以保险诉讼的方式处理，基于以下两方面原因：一方面，保险人认为，既然欺诈已经被识别，拒绝赔付，那么公司也没有什么损失，解除合同最简单，而如果采取

诉讼的话，将产生诉讼成本。另一方面，我国保险公司目前给消费者"惜赔"（也就是理赔难）的印象，如果将欺诈付诸诉讼，消费者将加深"保险公司利用霸王条款拒绝赔付"的看法。

这里不得不分析的是机动车保险诉讼的外部效应和内部成本问题。从整个机动车保险业务来看，对机动车保险欺诈进行识别，并且对严重的机动车保险诈骗提出诉讼，是有利于起到惩罚效应的，它除了能够惩罚已经发生的欺诈，并且能够对潜在的、可能的欺诈起到警示作用。但是，欺诈的诉讼具有严重的外部性。也就是说，所有的财产保险公司都能够通过公开诉讼了解到那些实施欺诈的车辆，以便在下回投保时给予关注，但是，识别机动车保险欺诈的成本却有严重的内部性。财产保险公司将不得不增加人力、设备等成本投入。正是鉴于此，保险公司一般将识别到的机动车保险欺诈以更消极的方式给予处理。

4. 投保人实施欺诈被识别，则在以后的续保中，保险公司将相应提高其保险费率。这里，提高的是欺诈者的保险费率，作为一种惩罚机制，但是，这种惩罚机制有可能因为两种原因而失效：第一，不论是否实行欺诈，只要被保险人在一个保险年度内有多次保险索赔，保险人都将在下一个保险年度提高保险费率；第二，由于保险公司之间的机动车保险理赔信息并不是完全共享的，如果被保险人在 A 实施机动车保险欺诈之后，再到 B 保险公司进行投保，那么惩罚机制也就结束。这里再次印证了前述的克瑞普斯声誉机制在机动车保险中会因为多次博弈的提前结束而失效。

二、机动车保险欺诈未被识别的经济后果

机动车保险欺诈如果没有被识别，那么就作为正常的保险索赔给予赔付。但是，由于涉及到保险索赔，下一保险年度，保险公司可能因此提高保费。我国《道路交通安全法》第八条规定：被保险机动车发生道路交通安全违法行为或者道路交通事故的，保险公司应当在下一年度提高其保险费率。多次发生道路交通安全违法行为、道路交通事故，或者发生重大道路交通事故的，保险公司应当加大提高其保险费率的幅度。在道路交通事故中被保险人没有过错的，不提高其保险费率。

根据这项规定，被保险人在实施机动车保险欺诈时，除非欺诈的手段不涉及车辆交通事故，或者，被保险人在交通事故中完全无过错，否则，没有被识别的机动车保险欺诈也将引起下一年度的机动车保险费率上升。

实际上，在机动车保险欺诈中大多数涉及到交通事故，诚然，这种交通事故分为两种情况：第一，实际发生的交通事故。例如，投保人故意寻找第三方

串谋制造交通事故，或者投保人过失发生交通事故，但是不论是过失、还是故意，交通事故是客观存在的。第二，虚构交通事故。这种情况下，交通事故的证明材料及相关单证都是伪造的，实际上交通事故并没有发生。在交通管理部门与保险公司之间建立联合信息平台之后，这种欺诈比较容易识别，因为，实际交通事故的状况，联合信息平台上有相关记录，虚构的交通事故就能很快被识别。排除一种例外情况，就是，当机动车保险欺诈是由被保险人和道路交通管理部门的内部人员串谋制造时，这种识别将失效。

通过上述分析，机动车保险欺诈如果没有被识别，只是作为一种正常索赔，那么它带来的经济后果仅仅是下一年度被保险人的机动车保险费率被相应提高。实际上，被保险人如果下一个年度到另一家保险公司投保，那么惩罚性费率就失效了。因为前述讨论的，我国财产保险公司之间的信息是不完全共享的，因此，被保险人完全可以在之后的保险年度，继续到其他保险公司实施相同类型的机动车保险欺诈。

三、投保方实施机动车保险欺诈临界值的博弈解析

通过上述分析，我们知道机动车保险欺诈对于被保险人可能产生的几种经济后果，以下，我们将通过博弈的方法分析被保险人实施机动车保险欺诈的成本及收益状况。

1. 实施保险欺诈的临界值分析

如果如实申请索赔，获得理赔金额为 L，如果一项欺诈没有被识别，当作正常索赔处理，可以获得保险金为 L＋R，这部分 R 就是实施保险欺诈的额外获益，例如，夸大的机动车保险索赔，或者虚构的机动车保险索赔等。但是，这是有概率的，假设欺诈被识别的概率为 P，那么欺诈没有被识别的概率为（1－P），则欺诈没有被识别获得的期望收益为：（L＋R）（1－P）。

从范围上界定，这个 R 值可大可小，但是不同险种的 R 值有一定范围，例如，对于车身险，这个 R 值不能超过投保车辆的价值，否则保险公司可以以车辆的全损来处理，也即 R ∈（0，V）。这里 V 表示出险时，被保险机动车的价值。

这里，要比较 L（正常索赔）与（L＋R）（1－P）的大小，完全取决于（1－P）的值，如果，（1－P）很小，也即 P 欺诈被识别的概率很大，那么，正常索赔的期望收益大于欺诈。

投保方实施欺诈的条件满足：

$$L < (L＋R)(1－P)$$

也即：

$$L < L + R - LP - RP$$
$$R - LP - RP > 0$$
$$R - P (L + R) > 0$$
$$R > P (1 + R)$$

最后，可得：

$$P < \frac{R}{L + R}$$

上式表示实施机动车保险欺诈的条件满足：机动车保险欺诈被识别的概率要小于实施欺诈的额外收益占诚实索赔的收益和欺诈额外收益之和的比重。

所以，在信息比较对称，或者说，信息不对称的风险比较小的国家，机动车保险欺诈就比较少。而在我国，由于信息的障碍，机动车保险欺诈被识别的概率就小得多，这时（L + R）（1 - P）值就比较大，被保险人有实施机动车保险欺诈获得额外收益的动机。

2. 实施保险欺诈的额外收益分析

（1）小额欺诈被识别，保险公司一般选择拒绝赔付，解除保险合同，机动车被保险人获得的收益为：- K * P，这里的 K 表示被保险人实施机动车保险欺诈，所付出的成本，例如，伪造索赔单证的成本，与维修厂、第三方等串谋的成本，故意制造机动车交通事故的成本等。P 表示机动车保险欺诈被识别的概率，所以（- K * P）表示实施欺诈被识别的期望收益。

（2）严重的保险欺诈，也即保险诈骗罪，被识别之后的惩罚成本比较大，如果涉及到刑事处罚，那么假定其损失为 - ∞。这里，期望收益为（- ∞ * P）。上述的四种情况可以整理为下列表示：

$$
\begin{cases}
L \text{-----------------诚实索赔的收益} \\
(L + R) (1 - P) \text{-----------------实施机动车保险欺诈的期望收益} \\
(- K * P) \text{-----------------小额欺诈被识别的收益} \\
(- ∞ * P) \text{-----------------大额欺诈别识别的收益}
\end{cases}
$$

实际上，要比较上述的均衡解取决于两个变量，一个是 R，实施欺诈的额外收益，一个是 P，欺诈被识别的概率。

在机动车保险欺诈中，可以把欺诈区分为以上四种情况，这里主要是根据险别的索赔状况来划分：

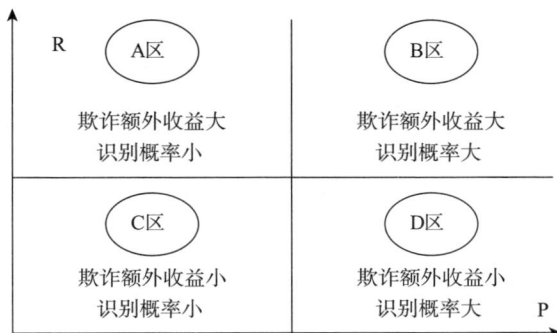

图 5 - 2　欺诈额外收益和识别概率的象限分析

A 区表示欺诈的额外收益很大，但是识别的难度比较大。在机动车保险中，这部分最典型的代表是全车盗抢险。如果被保险人的车辆实际还在，但是却虚构全车损的欺诈，可以获得全车价值的额外收益，但是，识别的成本比较大，如果单证是齐全的，或者存在串谋的情况，是很难识别的。

B 区表示欺诈的额外收益很大，但是被识别的概率也很大。在机动车保险中，这主要是在较高责任限额的三者险中。如果有完善的交警和保险联合信息系统，这类欺诈应该能被有效识别，但是，我国信息系统还不全面，同时，存在第三方串谋的可能性，我国对此的识别能力还是比较弱的。

C 区表示欺诈的收益比较小，但是被识别的概率也比较小。实际上，在机动车保险欺诈中，这类欺诈占据最大的份额。小额的欺诈，从法律上说，无须承担刑事责任，惩罚成本比较低，同时，从道德上说，人们越来越倾向认为，小额欺诈保险公司是可以接受的。而出于成本的考虑，保险人对小额的机动车保险索赔基本不进行欺诈识别。只要单证符合，一般给予赔付，因此这类欺诈案件最多。

D 区欺诈的额外收益很小，被识别的概率却很大。这类欺诈一般通过保险公司的理赔人员在正常的核赔流程中就能够进行识别。

第二节　经济后果之机动车保险整体费率水平

一、我国现行机动车保险费率制度评析

我国机动车保险费率的市场化开始于 2001 年 10 月，保监会在广东省实行机动车保险费率市场化试点，由保险公司自主制定费率，监管部门审查备案。

2003 年 1 月机动车保险费率市场化向全国展开，全国范围内实施新的机动车保险条款费率管理，车辆保险条款和费率由各保险公司自主开发厘定。为全面彻底推动机动车保险新的管理制度顺利实行，促进机动车保险市场价格机制形成，财产保险公司报备的原条款于 2003 年 4 月起停用。2003 年以前的旧机动车保险有 7 个条款，包括 2 种主险和 5 种附加险，机动车保险费率由保监会统一制定，保险单据也采用统一的格式，保险公司没有过多自主选择余地，而对于投保方来说，赔付率低的车辆没有激励机制不愿投保，赔付率高的车辆又容易滋生道德风险，缺乏防灾防损意识。

表 5－1　2004－2006 年我国非寿险市场主要险种费率变化

单位：费率:‰，变化幅度:%

险种	2006		2005		2004	
	费率	变化幅度	费率	变化幅度	费率	变化幅度
平均值	1.67	－5.30	1.75	－59.09	1.35	－58.97
企财险	0.78	－11.18	0.88	－10.20	1.17	－14.60
家财险	1.17	－8.69	1.72	13.91	1.71	7.55
车　险	8.68	2.80	8.41	－14.36	9.19	－16.38

（资料来源：吴焰，中国非寿险市场发展研究报告（2006），北京：中国经济出版社，2007 年，第 7 页）

从 2003 年全面实行机动车保险费率市场化之后，费率有大幅度的下降，降幅达到 16.38%，这种下降不是理赔减少的结果，而是竞争的结果，各家财产保险公司为了占领市场，以低价为策略，事实上可以看到，这种竞争是过度的，甚至低于成本，使保险公司出现了承保亏损，实际上人保 2003 年的机动车保险利润为 －23.89%，其中，车损险利润 －19.15%，三者险利润为 －52.43%。① 财产保险公司之间的相互竞争导致费率急剧下降，最终利润也快速下降。

从国际机动车保险费率发展的历程看，1983 年，保险的发源地欧盟率先提出了机动车保险费率的自由化，但一直到 1994 年才开始实施。在亚洲，有一百多年市场经验的日本，机动车保险费率的自由化也从 1998 年才开始实行。

---

① 王纲. 机动车保险费率市场化进程中利润曲线的经济学分析 ［D］. 杭州：浙江大学，2005：13.

韩国也是在 1998 年、1999 年开始运作的。而被国内业界人士估计市场发展超前大陆 10 - 15 年的台湾，机动车保险费率则是在 2005 年才放开的，并且最终需约 10 年的时间。

表 5 - 2　中、德、韩机动车保险费率市场化比较

比　　较	中　　国	德　　国	韩　　国
阶段	车改前已有潜规则	一步到位	分阶段
年限	4 年	7 年左右	10 年
市场竞争度	垄断竞争	接近完全竞争	垄断竞争
创新性	产品相似	一般	产品异质性明显
费率因素	转为从车、从人、从地	历来从车、从人、从地	转为从车、从人、从地
营销渠道	中介为主	中介为主	多方位，多渠道
安全治理	新交规	无	有
盈利状况	有亏损，有利润，U 型	有亏损，有利润，U 型	有亏损，有利润，U 型

（资料来源：王纲，机动车保险费率市场化进程中利润曲线的经济学分析，学位论文，2005，第 20 页）

通过比较可以看到，我国机动车保险费率市场化的年限是最短的，四年，德国用了 7 年，韩国用了 10 年。时间上的仓促和法律环境的不完善，必然给欺诈留下漏洞。其次，我国机动车保险市场属于垄断竞争格局，绝对集中度指标 CR3，也即非寿险市场前三位财产保险公司 2005 年 - 2008 年市场份额之和分别为：72.63%，67.25%，65%，62%。[1] 因此，费率的整体导向还是以占市场绝对份额的人保、太保、平安为主导，同时，在产品相似的情况下，财产保险公司之间的竞争主要是费率竞争，或者放宽承保条件，以获取客户，这些因素都使机动车保险欺诈有了可趁之机。

二、机动车保险欺诈对整体费率水平影响的经济学分析

机动车保险欺诈导致费率水平上升，这可以从以下保险经济学的公式来分析。

根据简化的保费计算公式：

---

① 吴焰. 中国非寿险市场发展研究报告 [M]. 北京：中国经济出版社，2007：9.

$$P = E + A + R^{①}$$

其中第一项 E 是指一定保险合同条件下的预期赔款，在机动车保险中，表示一定机动车保险保单的预期赔付。

第二项 A 表示管理费，在机动车保险中，表示机动车保险出险时的理赔费用。

第三项 R 是保险人的风险费，也即作为风险承担者的保险人的酬劳，在机动车保险中表示为财产保险人的期望利润。

机动车保险欺诈对费率 P 的影响可以从上述三个因素逐一分析：

1. 欺诈对预期赔付 E 的影响。机动车保险欺诈的上升，必然导致赔付率的上升。我国机动车保险的赔付率（简单赔付率）最低值是 0.5，最高值是 0.8，相差 30 个百分点的赔付率。

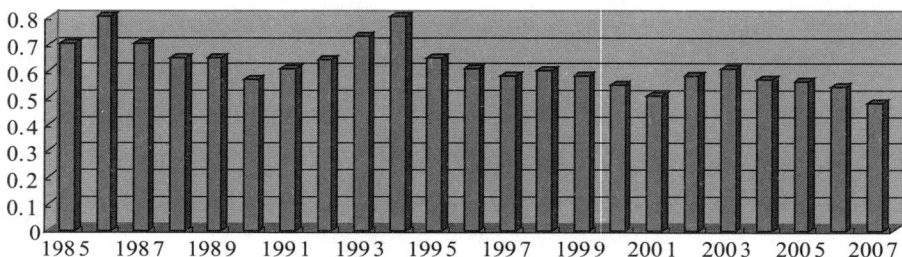

图 5 - 3   1985 年 - 2007 年我国机动车保险赔付率
（数据来源：《中国保险年鉴》，（2000 - 2007），国研网 2009 年保险数据）

应该说赔付率的波动是比较大的。2006 年，机动车保险赔款支出 599.2 亿元，同比增 23.7%，增量最大的是 2004 年，机动车保险赔款增量在非寿险市场新增赔款中的占比为 104.58%。[②] 机动车保险与一般人寿保险不同，采用的是年续保的方式，如果上一年的赔付率上升，保险公司为了维持偿付能力水平，势必影响下一年度的整体费率。所以，机动车保险欺诈最直接的影响是下一年度的期望赔付，即 E 值上升。

2. 欺诈对费用 A 的影响。这体现在两个层面：首先，在正常的索赔中掺杂欺诈性的索赔，必然导致索赔案件增加，这势必导致理赔部门增加人手，增大理赔成本，或者每个人的理赔案件增加，不论哪一种情况，都是理赔的成本上升。其次，有欺诈性案件掺杂在正常索赔当中，会导致理赔中识别欺诈的要

---

① 博尔奇（挪威）. 保险经济学 [M]. 北京：商务印书馆，1999：18 - 20.
② 唐运祥. 中国非寿险市场发展研究报告 [M]. 北京：中国经济出版社，2005：71.

求上升，这要求财产保险公司或者采用新的识别技术，或者加大对理赔员工的培训，以提高机动车保险欺诈识别的概率，这无形之中也加大了理赔成本，也即，A 值上升。

3. 欺诈对利润 R 的影响。过去几年机动车保险承保利润过高这一点一直备受关注，但是，随着费率市场化的推进，保险公司之间相互竞争导致利润下降。实际上，现在机动车保险的利润已经很薄，有时候甚至接近零或者负值。据报道①，2006 年一季度，我国机动车保险市场承保利润急剧下滑，承保利润率为 −4.06%，达到近两年来的最低水平，受机动车保险亏损影响，财产险行业承保利润仅为 20.97 亿元，同比减少 57.36%，承保利润率 4.72%，同比下降 7.75 个百分点。所以，利润 R 下降的空间已经很小。

综上，有

$$P\uparrow = E\uparrow + A\uparrow + R$$

在机动车保险欺诈的情况下，两个变量：机动车保险期望赔付 E 和机动车保险理赔费用 A 同时上升，并且这两个变量的上升具有很大的相关性，也即掺杂的欺诈数量上升，必然会导致理赔成本上升，期望赔付以很强的相关性上升。所以，在利润 R 不可下降的情况下，机动车保险费率在下一保险年度必然急剧上升。

三、投保方对机动车保险费率敏感度的分析

既然机动车保险欺诈会导致费率的急剧上升，那么我们接着研究，这种变动的费率对下一年度的投保人是否产生影响，以及产生怎样的影响。

在 2002 年机动车保险费率市场化之前，因为采用的是统一保单，统一费率，也即各家保险公司的保单和费率基本无差别，投保人不存在在变动费率水平下进行购买决策。但是，费率市场化之后，费率水平开始成为投保过程中很重要的一个决策变量。以下是国内某大型财产保险公司在保险费率市场化前后对国内消费者所做的实地调研，其目的是比较 2003 年前后的费率市场化是否对投保人的购买决策产生影响。

如图 5−4，在 2003 年之前，购买机动车保险的投保人大部分（50% 以上）没有进行比价，也即费率没有成为投保决策的变量。但是，2003 年以后，形势发生很大改变，有比价经历的占了绝大部分，在购买机动车保险的决策

---

① 陈天翔. 机动车保险利润全行业下滑 [N]. 第一财经日报，2006−9−5（金融保险版）.

中，费率成为考虑的一个重要因素。并且，由于机动车保险产品之间的差异化还没有体现出来，各家公司在基本无差别的机动车保险产品上，能够竞争的变量只有费率和服务水平。

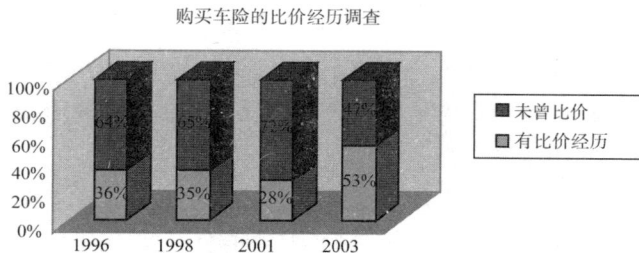

图 5 - 4　我国购买机动车保险的比价经历调查

（Sources：Firm/Lieberman Consumer Survey 2003、2001）

图 5 - 5 表示比价之后，投保人转换保险公司的比例。可以看到 2003 年以后，大部分的投保人在比价之后，转换了保险公司。这说明费率已经成为投保的重要变量，投保人具有很大的费率敏感度。这一方面证明，费率市场化初见成效，机动车保险费率已经成为调节机动车保险市场的重要变量，另一方面，财产保险公司的费率厘定，和费用管理的压力增大，那些不论是成本过高，还是赔付过高导致高费率的保险公司将面临投保人的选择。

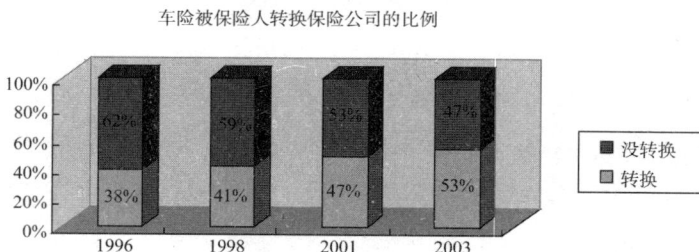

图 5 - 5　我国机动车被保险人转换保险公司的比例

（Difference in switching rates compared with 2001 is statistically significant at the 83% confidence level Sources：Firm/Yankelovich Consumer Survey，1996，1998，2001；Firm/Lieberman Consumer Survey 2003 ）

过去三年被调查者的车险比价经历

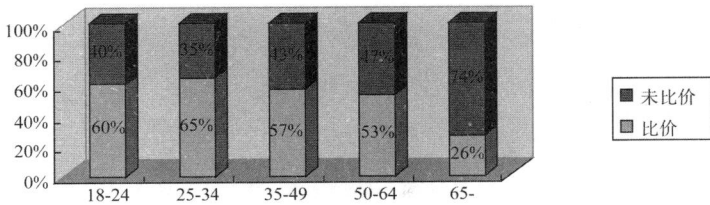

图 5 - 6　过去三年被调查者的机动车保险比价经历

（Source：Firm/Lieberman Consumer Survey 2003 ）

按照年龄层次来看，30 岁以下的投保人有 60% 选择比价，在比价和投保人转换保险公司的双重压力之下，保险公司面临降价的压力。

图 5 - 7　机动车保险欺诈与保险转换的关系图

结合上述分析，当保险欺诈在一家财产保险公司急剧上升，保险公司面临提高费率的压力，但是，当其他保险公司的费率不变，因为比价因素，上升费率的保险公司势必流失大量客户；但是，费率不上升的话，按照前述费率公式的分析，只能是降低 R，以作充抵，降低利润只是暂时之策，为了维持偿付能力，这种降低是有限度的。所以，在机动车保险费率市场化的现阶段，机动车保险欺诈使保险公司面临更严峻的考验。唯一的解决方式，就是识别欺诈，剔除因为欺诈导致的高期望赔付。

第三节　经济后果之机动车维修厂

一、维修厂参与机动车保险欺诈的路径

随着我国经济的快速发展，人们生活水平的提高，汽车的保有量迅速增长，至 2008 年底我国的汽车保有量达到 1.7 亿辆。相应地，全国拥有各类汽车维修企业 35 万家，从业人员 230 多万，行业竞争的激烈和利益的诱惑使不

少人打起了汽车维修的主意。实际上，根据中央电视台《新闻调查》的报道①，大多数的机动车保险欺诈都与维修厂密不可分。实践中，有很多维修厂利用维修技术壁垒实施欺诈，但是限于本书研究的概念范畴，这里的机动车保险欺诈只针对有投保人、被保险和受益人参加的情况，不研究维修厂单方欺诈保险公司和被保险人的情况。

维修厂和被保险人或者保险公司理赔人员串谋欺诈是保险欺诈中隐蔽性很强的一部分，串谋欺诈主要有以下两种方式：

1. 维修厂与车主或者被保险人串谋欺诈保险公司。据《新闻调查》反映，这种情况在被保险车辆是公车的情况下比较多见。有些被保险的公车出险了，司机与维修厂合谋将损失扩大，或者汽车根本没有进行维修，维修厂提供虚假的维修证明，依此从保险人处骗取保险金进行瓜分。而这正成为司机谋取不当得利的一种来源。而维修厂之所以积极参与一方面是为了稳定客户，另一方面自身也可以从中获得某些利益。

2. 维修厂和财产保险公司的理赔人员串谋欺诈保险公司。机动车保险理赔当中，最重要的环节是定损和报价。出险的事故车辆在送到修理厂以后，需要保险公司的定损人员到修理厂进行定损，然后维修厂根据损失进行各零部件的更换或者维修的报价。由于理赔人员与个别维修厂之间是长期合作，有些理赔人员甚至私下参与了维修厂的份额，所以提高定损值，与维修厂共同提高维修的报价。这是由于财产保险公司的理赔环节出现漏洞所致，往往因为内部人员参与了欺诈，使得欺诈的识别难度更大。

二、维修厂参与欺诈得以实现的前提

关于修理厂参与机动车保险欺诈，在很多机动车保险理赔中都能遇见。那么维修厂是如何规避保险人的检查和识别进行欺诈的呢？这当中既有社会和法律环境因素，也有专业技术方面的原因。

1. 机动车保险的经营环境。保险合同是附和性合同，条款是保险公司预先设计好的，投保人只是接受和缴纳相关的保险费。正是这种附和性，导致国内媒体和投保方对保险霸王条款的抨击。在这种情况下，财产保险公司在机动车保险合同中一般不予指定维修厂，以规避"霸王条款"的嫌疑，但是，没有指定的情况下，维修厂与保险公司之间的关系被弱化，并且二者没有形成战

---

① 杨春. 汽车维修陷阱. 中央电视台《新闻调查》栏目，新闻文字参见 www. cctv. com. news/ 2006 – 6 – 7.

略同盟，维修厂在修理车辆的过程中常常会因为自身的利益最大化而损害保险公司的利益。此外，保险公司在理赔的过程中，也不敢对费用进行大量的删减，投保人和消费者协会对保险公司"惜赔"和"理赔难"的谴责也给保险公司的核赔工作带来压力。这些环境因素都导致财产保险公司的机动车保险理赔工作受到限制。

2. 专业性壁垒。汽车的维修具有很强的专业性，而维修厂是掌握技术的一方，车主和被保险人则对汽车维修不甚了解。例如，近两年来，随着电喷汽车逐渐取代化油器型汽车，汽车修理的难点和重点已不是机械部分，而是电路的维修。维修人员需要一定的汽修基础，油电路知识以及看懂电脑检测仪。另外，在汽车维修行业里也有一些电脑专家。他可以随时在电脑检测仪上做出各种故障显示，比如想让你做油路清洗的时候，就显示出油路堵塞的数据，以欺诈被保险人，夸大机动车的损失。正是利用这种技术壁垒，维修厂能够在修理车辆的过程中对车主进行欺诈。其实仔细分析，在技术壁垒的后面，是行业的不规范。由于现在的汽车牌子众多，同时，生产零部件的厂商也各有不同，这导致不同的车有不同的维修成本，甚至相同的车，用不同的零部件也有不同的维修成本。汽车维修行业并没有一个统一的规范对汽车的维修、更换零部件以及工时费作出制约，完全由各家维修厂自行决定。

3. 识别障碍。识别障碍体现在，当维修厂按照正厂的零配件价格进行报价之后，实际维修中却使用副厂的价格更为低廉的零部件进行替换，车主是无法识别的。例如，丰田车的零部件，正厂和副厂的都有，而且标志是一样的，可是价格和性能却有很大的差别，车主限于专业水平不能进行有效识别。此外，由于零配件市场的竞争比较激烈，例如大众的车型配件，在市场来说，不管是司机还是车主，它的基本价格都比较清楚，维修厂更换这一部分正品的零配件时，利润空间是很小的，因此，只有以副厂的产品来代替，而这车主识别的可能性还是很低的，尤其是非重要的零部件。

三、维修厂参与机动车保险欺诈的经济利益分析

基于经济学的视角，维修厂参与商务或私人用车的保险欺诈最根本的动机是获取维修成本以外的利润。而对于公务用车，由于汽车数量大，根据中国吉林网 2009 年统计，我国现阶段公车消费大概一年 4000 多亿元，维修厂参与欺诈时可能没有获取额外利益，但是却因此维系客户资源。

仅从利益驱动这个角度来看，维修厂参与机动车保险欺诈时，利益驱动不同，欺诈形式也不同。

1. 单方面的利益驱动。如前所述，受霸王条款的指责，财产保险公司已经较少使用指定维修厂的做法，同时，由于各种不同型号、牌子的车，维修的方法和零部件各不相同，所以，现在采用车主自行寻找维修厂的方式，这无形之中弱化了维修厂与保险人之间的关系，却加强了维修厂与车主或被保险人的关系。在指定维修厂时，维修厂出于与保险公司作长期业务的打算，有激励机制促使其不敢在短期行为中实施欺诈，因为一旦欺诈被识别，保险人将撤销其指定修理的权利，这种以短期欺诈损失长期利益的行为，在维修厂与保险公司的多次博弈中并不是均衡解。而没有指定关系后，在没有保险公司监督的情况下，维修厂的维修取决于车主的满意度，维修厂有动机更换最好的零部件，而不论是否适用于这种类型的车辆，而对于车主而言，所有的更换都是由保险公司买单，所以对于夸大损失，提高维修成本，车主并没有激励－约束的动机。现阶段，我国汽车修理行业进入激烈竞争的阶段，根据 2006 年广州市汽车摩托车维修行业管理处统计①，广州市城区现在在册的有三千二百多家合法的汽车修理企业，这数字还未包括摩托车维修，至于非法汽车修理企业，根据比较客观的摸查，已经接近两千家。在这种竞争的环境中，利润空间已经很小，而欺诈是汽车维修厂获取额外利润的一个重要渠道。

2. 多方利益共享。汽车维修厂参与的上述机动车保险欺诈是主动的利益获取，但有时候，汽车维修企业是基于多方利益共享而参与机动车保险欺诈。在整个机动车保险理赔中，涉及到车主或被保险人，维修厂，保险公司的定损人员三方。这种多方利益共享一种情况是车主与维修厂欺诈保险金，意图利益共享；也有理赔人员和维修厂一起欺诈保险金，进行利益共享；少数是三方利益共享。仔细分析维修厂参与机动车保险多方欺诈的利益动机可以细分为以下三方面：第一，为了维系客户。在财产保险公司不指定维修厂的情况下，维修厂在车主欺诈的要求下，一般以提供合作的方式应答，否则车主将转换维修厂，导致生意的下降。第二，"积极"与保险公司的理赔人员共同实施欺诈。维修厂认为，理赔人员就是保险公司的表见代理人，参与理赔人员的欺诈利益，有利于将来持续的机动车维修业务。第三，虽然比单方欺诈获得的额外利润少，但是，多方合作欺诈还是能在正常的利润水平之上获得额外的利润。

综合上述欺诈前提和动机的分析，维修厂参与机动车保险欺诈具有如下特

---

① 杨春. 汽车维修陷阱. 中央电视台《新闻调查》栏目，新闻文字参见 www. cctv. com. news/ 2006 － 6 － 7.

点：一是隐蔽性，专业性导致欺诈被识别的难度加大，同时，由于被保险人、车主和理赔人员也参与其中，具有很强的隐蔽性。二是普遍性，根据广州、北京等地的调查，很大一部分维修厂都曾有过参与机动车保险欺诈的行为，甚至这已成为行业内部的普遍现象。

四、维修厂参与机动车保险欺诈的经济后果

从机动车保险合同的角度看，合同的当事人是车主和保险公司，而维修厂只是非合同当事人的第三方，不受合同条款的制约，却因为合同而获得了额外利益。并且，维修厂的行为还将反过来影响下一期的机动车保险合同。以下分析维修厂参与机动车保险欺诈所产生的直接和间接的经济后果。

1. 它扰乱机动车零部件的正常价格体系。正常的价格体系中，正厂的零部件和副厂的零部件，因技术和性能不同，价格也有很大差别，而以次充好的欺诈方式，导致副厂的零部件价格和正厂的一样，这样价格作为零部件性能好坏识别的功能就丧失了。而且，一些非法生产的零部件也通过以次充好的机动车保险欺诈方式进入流通领域，导致对非法生产零部件的企业隐性的激励，同时破坏了国家的质量监督管理体系。此外，随意确定车辆维修的工时费，导致工时费没有大致的范围，时而上时而下，完全取决于谈判，不利于保险公司和被保险人计算维修成本，并且常常导致拖延时间，延迟维修的状况。这些做法都严重危害正常的市场经济体系，损害价格作为杠杆调节的功能。

2. 导致车辆的危险程度增大。以次充好的零部件，或者非法生产的零部件，因为质量不能达到要求，车主在替换该零部件后，可能对行驶造成危害。有报道，维修厂为了夸大损失，在发动机上滴上蜂蜜，导致发动机因为粘滞，温度过高，而烧坏。这些情况，都可能直接导致交通事故，危害被保险人生命。

3. 欺诈成本的转移。维修厂参与机动车保险欺诈的间接后果是，维修厂通过机动车保险欺诈获得的利益，将以成本的方式转嫁给保险公司，并最终转嫁给被保险人来承担。在机动车保险中，全车损失的情况并不多见，大多数是以维修的方式来赔付，也即是说，维修费用的高低，决定了机动车保险赔付额的高低，最终都体现为理赔金额的上升。在出险的当期，名义上来看，这部分上涨的理赔金额是转嫁给保险公司承担；但是，下一个保单年度，续保的时候，保险公司将对上一年度出险的车辆提高费率，这时候，实际而言，上期由维修厂欺诈额外获利带来的成本已经转嫁给了投保人。并且，当维修厂的欺诈蔓延开来，成为普遍现象的时候，不仅单个投保人，整个机动车保险市场的费

率都将普遍上升，这时候，没有参与欺诈的机动车投保人也为欺诈的维修厂分担了欺诈的成本。这种因为维修厂欺诈，而由投保人承担成本的做法，不论是从两期来看，还是从承担者的角度来看，都是经济不公平的。

综上分析，维修厂采用各种欺诈方式，在机动车保险合同的基础上获取不当得利，同时，严重损坏了机动车保险理赔市场体系，扭曲了机动车保险的理赔费用，并最终将这部分成本转嫁给了投保人和保险公司。但是，由于不是保险合同的当事人，不受保险合同制约，因此对维修厂的监管存在难度。同时，技术上的壁垒导致识别的难度加大，这些都要求从全社会角度寻找制约维修厂欺诈的有效方法。

第四节　经济后果之财产保险公司

不论是机动车保险欺诈，还是其他险种的欺诈，保险公司都将受到最直接的影响。这里主要是结合我国非寿险市场及保险主体的特定情况，分析我国的机动车保险欺诈对财产保险公司经营的影响。

一、财产保险市场主体结构与机动车保险欺诈相关性

据统计，2008 年中国财产保险市场保费规模达到 2446 亿元，2000 年以来的复合增长率达到 15.7%。其中机动车保险年均增长 19.3%，已经成为产险市场增长的主要业务来源。我国非寿险市场高度集中，虽然近年来有分散化的趋势，机动车保险欺诈也主要集聚在三大财产保险公司，我国目前的这种市场主体结构对机动车保险欺诈的实施、识别、防范都会产生影响。

从 2003 年开始，三大财产保险公司的市场份额开始快速下降，从 95% 下降到 2008 年的 64%，这主要基于以下三方面原因：一是产险市场的开放。2003 年以来外资产险公司大举进入中国，至 2008 年底有外资财产保险公司 16 家，保费收入 28.8 亿元，保费的增长速度远远高于同期非寿险市场平均水平。二是中资中小型财产保险公司快速壮大。2002 年中小型财产保险公司市场份额仅为 3.87%，至 2006 年，其市场份额已经上升至 30%。三是费率竞争。2003 年机动车保险费率市场化之后，一些中小型财产保险公司为了扩大市场，纷纷调低费率，而大型产险公司由于市场遍布全国，费率调整比较缓慢，导致市场份额下降。

在产险市场上，虽然外资产险公司均采用了独资方式进入中国，但是受政策限制不得经营机动车第三者责任险。而中小型公司虽快速增长，但是机动车

保险在绝对数量上还是少数，所以，机动车保险主要集中在三大财产保险公司，而相对应，机动车保险欺诈也主要在三大公司。我国这种特定的机动车保险市场结构，要求在机动车保险反欺诈过程中充分考虑其特殊性。

我国财产保险公司数量（1985年-2007年）

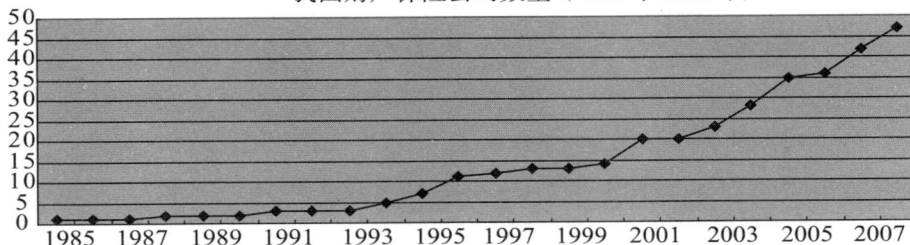

图 5 - 8   1985 - 2007 年我国财产保险公司的数量

（资料来源：中国保险年鉴，1981 - 1997 年，1998 - 2007 年；中国保险监督管理委员会统计信息 2009 年）

在市场结构对欺诈影响的分析中要注意的是，多重变量的共同影响。机动车保险欺诈的上升期基本从 2000 年开始至今，但是，这段时期内，我国机动车保险费率市场化在推进，单个的利润率指标已经不能反映欺诈的影响程度；此外，不论是中资还是外资财产保险公司都在积极争夺市场份额，市场竞争的加剧导致产险公司之间多重利益博弈的发生，对机动车保险欺诈的防范因此被弱化。同时，由于数据的缺失或者不完善，这些因素共同决定了机动车保险的欺诈不可能被精确地度量和识别，尤其在现阶段。

二、机动车保险欺诈对财产保险公司赔付率的影响

机动车保险欺诈对保险公司最直接的影响是赔付率的上升和赔款支出的增大。从下述表格数据中可以看到，机动车保险的赔付率一直是比较高的，仅次于农业保险。由于气候的波动，以及各种自然灾害的不可预测性，农业保险在非寿险中的赔付一直是最高的，当然，与机动车保险不同，农业保险的赔付是气候等外在客观因素决定的，而机动车保险的高赔付则很大程度上是人为因素造成的。司机是否谨慎驾驶，是否遵守交通规则，被保险人是否尽到谨慎管理的义务，以及是否有人为制造交通事故、欺诈等各种因素都会影响机动车保险的赔付。

表 5 - 3　2001 年 - 2007 年我国非寿险市场主要险种简单赔付率状况

单位:%

年　份	2001	2002	2003	2004	2005	2006	2007
合　计	46.89	51.20	56.10	52.20	53.9	52.18	52.3
企财险	46.31	46.37	51.89	51.68	62.25	58.4	52
车　险	52	57.30	63	56.10	56.36	54	48
货运险	42.12	37.41	44.47	33.74	—	41	41
责任险	44.61	39.9	58.71	53.87	38.8	39.6	44
农业险	79.25	75.68	77.74	72.89	77.4	69.4	32.5

（资料来源：中国保险年鉴，2001 - 2007）

（注：农业险由于季节性强、受自然灾害影响大，所以赔付率在世界范围都是偏高的。）

据北京市保监局测算，北京的机动车保险索赔中约有 20% 属于保险欺诈的范畴。如果剔除这 20% 的欺诈性赔款支出，2002 年至 2006 年机动车保险平均赔付率与其他险种基本接近。机动车保险欺诈除了导致赔付率的上升外，另一个重要的影响就是导致了赔付率的波动不稳定。正常的机动车保险赔付率受汽车性能，司机驾驶水平，道路交通状况等因素影响，实际上，我国汽车的性能这几年有快速的提高，道路交通状况也有很大的改进，从这两个主要的客观因素来看，应该是有利于机动车出险事故的降低。据公安部统计，2008 年全国共发生道路交通事故 26.5 万起，比 2007 年减少 6.2 万起，而 2007 年又比 2006 年减少 5.1 万起，近几年呈现持续下降的态势。但是从上述保险赔付数据来看，并没有机动车保险赔付大幅度下降的趋势，相反地，2003 年还一度有走高的趋势。

三、机动车保险欺诈对财产保险公司利润率的影响

我国财产保险市场曾一度处于寡头垄断局面，目前，随着新设保险公司的增加，保险市场已逐渐过渡为高度集中的垄断竞争格局。这里采用 CR3（表示保险市场中前三大家保险公司的市场份额占比）指标，2002 年，CR3 在80% 以上，三大财产保险公司占据绝对优势，到 2008 年底 CR3 约为 60%，市场份额在逐步下降，越来越多的中小型财产保险公司加入到机动车保险的竞争领域中。

此处分析机动车保险欺诈对利润率的影响时，结合我国非寿险市场的垄断

竞争格局。机动车保险欺诈的间接影响是保险公司的利润率，实际上从图 5 - 9 中数据①可以看出，我国机动车保险的利润率曾一度出现负增长的态势。2002 年以前，机动车保险的利润率平均在 10% 左右，其后利润率开始下降，2002 年至 2005 年机动车保险的利润率都是负值，其中 2003 年利润率最低，为 - 23.89%。

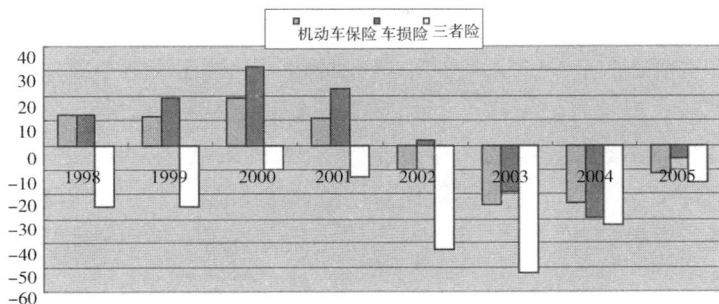

图 5 - 9　中国人保（PICC）机动车保险利润率（%）分析
（资料来源：中国保险年鉴，1998 - 2005 相关数据整理制作）

利润率下降一方面是竞争的结果，竞争导致机动车保险费率的下跌，从而利润下降。随着对外开放的不断深入，市场集中度快速下降，非寿险市场呈现出三大产险公司、新兴中资产险公司和外资公司三类竞争主体，多极化竞争格局日益明显。但是另一方面，机动车保险欺诈的蔓延也严重侵蚀了财产保险公司的利润。实际上对比利润的变化率和前述费率的变化率可以发现，费率的变化幅度较小，变化的时间段也较短，因此由于费率的下降导致的利润下降是很小的一部分。剔除了竞争因素，产险公司利润的下降主要是赔付的上升和欺诈性支出的增加。

四、机动车保险欺诈对财产保险公司经营的影响

我国的产险市场结构决定了机动车保险经营的特点。目前产险市场保险公司呈现出三大梯队：中资大型产险公司、中资中小型产险公司、外资产险公司三部分。截至 2008 年底，中资大型产险公司市场份额占 64%，中资小型产险公司市场份额为 35%，外资产险公司的市场份额为 1.2%。由于机动车保险

---

① 此处选用人保（PICC）的数据是因为人保一度是我国唯一的财产保险公司，截至 2008 年底，其市场份额依然占据财产保险市场 50% 左右，其数据对整个车险市场具有很强的代表性。

经营份额、经营水平不相同。① 因此，机动车保险欺诈对这三类公司经营的影响是不相同的。

对于外资产险公司而言，根据监管要求，由于其还不能进入国内的机动车保险市场，因此，机动车保险欺诈对其经营暂时不产生直接影响，欺诈主要对中资保险公司产生影响，因其规模不同，影响程度各异：

1. 对于中资中小型保险公司的影响。分为两种状况：一种是专业经营机动车保险的中资公司，例如天平机动车保险公司。其主要业务都集中在机动车保险，并且与大型中资公司在全国开展业务不同，因资本限制，其业务主要集中在固定区域，不论是从机动车保险业务的数量，还是机动车保险的区域状况都决定了这种中小型公司的机动车保险经营风险非常大，其风险无法在区域和险种之间进行分散处理。另一种是多元化经营的新兴中小型公司，他们避开机动车保险业务，或者弱化这项传统业务的权重，而将重点集中在竞争不全面的责任保险、企业财产保险等方面。比较这两类中小型公司，前者固然风险集中，但是，由于机动车保险专业化，理赔的核心集中在机动车保险上，有利于运用汽车新技术进行欺诈的识别，而后者的理赔力量要分散在机动车保险、企财险、责任险等各个方面，不利于专业化理赔和机动车保险欺诈识别、防范。诚然，两种类型的中小型公司在欺诈严重时期，利润都会受到很大侵蚀，甚至发生偿付能力危机。

2. 对于大型中资保险公司（人保、平安、太保）的影响。对于大型财产保险公司，例如中国人民财产保险公司，由于其经营地域范围广泛，经营险种较丰富，因此可以通过其他区域的盈利来弥补某一区域的欺诈产生的损失，或者用其他险种的盈利来平衡，虽然欺诈会影响机动车保险的承保利润，但是对于公司整体偿付能力或者经营稳定性的影响还是有限的。此外，三大家保险公司都是全国展业，而机动车保险的欺诈具有很强的地域性，这使得这三家公司机动车保险欺诈的防范和识别分散化，难以统一集中处理。并且，这三家公司的管理结构比较复杂，层层递进，对核保和核赔的处理不能做到及时和有效，机动车保险欺诈涉及多个部门，协调困难加大。但是，共同之处在于，机动车保险都是其最重要的业务，并且由于三家公司占据产险市场绝对比重，因而它们的机动车保险状况将影响到整个产险市场当年的经营绩效。

---

① 中国保险监督管理委员会. 统计信息. http：//www. circ. gov. cn/web/site0/tab61/2009 – 01 – 22.

第五节　经济后果之机动车保险市场

一、有效的机动车保险市场分析

一个有效的机动车保险市场，应该具备能够提供满足投保人需求和购买力的机动车保险商品，合理的机动车保险价格（即合理的机动车保险费率），一定数量的投保人（被保险人），保险公司。这种有效市场的建立，从宏观方面来看，需要相关法律制度约束，有良好的交易市场，一定的竞争机制；从微观来看，需要保险人和投保人之间公平有效的交易。

我国的机动车保险市场正在实施的一系列改革，正是为了促使机动车保险市场向这种有效率的市场发展：第一，费率的市场化。这是为了确保机动车保险价格回归到合理的、公平的状态。过去，价格一刀切，全国通用一张机动车保险保单的做法，严重影响了机动车保险市场中价格和商品这两个变量的调节功能。第二，主体的扩展和引进。保险人的增加有利于将机动车保险市场向更加竞争性的方向推进，近几年竞争的事实证明，这种竞争已初步导致价格调整和机动车保险服务的改进。第三，投保人意识的提高。具有一定保险意识，并且对机动车保险产品能够做出比较和分析，能够进行有效选择，这是机动车保险市场中投保人能够进行有效交易的前提。我国的机动车保险从宏观监管环境上正试图朝效率型转变。在这个进程中，机动车保险欺诈是最大的障碍，它严重影响了构建效率型市场的各个变量，严重的机动车保险欺诈如果在整个保险市场蔓延，最终将导致机动车保险市场的失效。

机动车保险欺诈，使保险公司在正常的经营之外，产生额外的费用支出，导致管理成本上升，同时索赔率和赔付率上升，这些成本和费用最终导致机动车保险价格偏离正常的、合理的水平。价格是市场中最重要的调节杠杆，当价格只在一家遭遇欺诈的保险公司上升时，它会导致其他投保人转向费率没有上升的保险公司，受欺诈而上升费率的保险公司将因此损失市场份额，最后当欺诈在机动车保险市场扩散时，商业性机动车保险的投保人将可能因为高额的保费而退出市场，即"劣币驱逐良币的现象"；而对于强制性的机动车保险，由于投保人必须投保，不能自愿性的退出，最终，费率大幅度上涨。另一方面，机动车保险欺诈的识别有很高的成本，而识别出的欺诈却具有很强的外部性，这种情况导致每家保险公司都不愿意进行单方的欺诈识别和防范，在所有保险人选择对欺诈的识别"搭便车"的时候，欺诈导致机动车保险市场最终失效。

二、欺诈识别的外部性导致产险公司之间搭便车现象

搭便车理论首先由美国经济学家曼柯·奥尔逊于 1965 年发表的《集体行动的逻辑：公共利益和团体理论》一书中提出。其基本含义是不付成本而坐享他人之利。经济学中的搭便车现象大多出现在公共物品的购买，由于公共物品具非排他性，即某人对公共物品的消费不能排斥其他人对其同样的消费，所以有人就会有获得利益而逃避付费的行为①，解决的办法是靠政府统一征税来购买公共物品。在机动车保险欺诈的识别和防范上，产险公司之间有搭便车的现象。这主要是由机动车保险欺诈识别和防范的特点决定的：

1. 机动车保险欺诈的识别具有较高成本。机动车保险欺诈主要集中在理赔流程，正常的理赔流程要求：保险公司派人到事故现场查勘，记录事故现场的状况，获取交通管理部门的事故认定书，然后将出险车辆送往修理厂，拆车定损，并由修理厂对修理费和零部件的费用进行报价，保险人确认后进行修理和给付保险金。但是，保险人承保的是数以万计的车辆，每天出险的车辆也较多，对于赔付金额较小，一般产险公司要求 2000 元以下的索赔，可以简化流程，只要被保险人提供的索赔单证是齐全的，保险人对小额索赔一般及时给付保险金。如果要对机动车保险欺诈进行完全有效的识别，势必要提高理赔流程中各个环节的效率，同时小额索赔也要进行筛选和甄别，这样无形之中加大了理赔处理的成本，因此，将每个案件不论大小按正常流程处理是不经济的，寻求对不同索赔设立不同的欺诈识别机制才是成本节约的。

2. 机动车保险欺诈的识别和防范具有一定外部收益性。外部性是一个经济学概念，马歇尔和庇古在 20 世纪初提出："某种外部性是指在两个当事人缺乏任何相关经济贸易的情况下，由一个当事人向另一个当事人所提供的物品束。"曼昆（N. Gregory Mankiw）认为外部性是一个人的行为对旁观者的福利的影响。机动车保险欺诈的识别和防范会产生搭便车现象，与欺诈识别的外部性有关。诺斯的"搭便车"从正外部性入手和科斯从外部侵害入手，无非也是指行为对与之交易或目的无关的其他人福利的影响。机动车保险欺诈的识别和防范具有很强的正外部性。一家产险公司花费很大的成本将欺诈的被保险人识别出来，进入交通事故信息共享平台，其他保险人就可以免费享受欺诈识别的成果。这种机动车保险欺诈识别成本由一家保险公司支付，成果共享的形

---

① 周惠中. 微观经济学 [M]. 上海：上海人民出版社，2002：441.

态导致产险公司之间进行机动车保险欺诈识别的积极性下降，小型的产险公司更是会出于公司效益和节约成本的考虑而不愿进行欺诈的识别。这种状况决定了在我国现阶段的机动车保险市场，只能是先由三大财产保险公司预先联合进行机动车保险欺诈的识别和防范，进而带动中小型保险公司的跟进，从而形成有主导的集体行动。

3. 机动车保险欺诈比较隐蔽，识别成功率不高。机动车保险欺诈在识别中有几项困难。首先是单证齐全情况下的欺诈，保险公司很难找到拒绝赔付的理由，而对每一份索赔单证的真实性进行识别，不仅难度大，而且如果欺诈是与维修厂或者道路交通管理人员串谋进行，通过单证审核来识别是无效的。其次，保险的理赔有时间限制，保险人面临在短时间内识别索赔是否是欺诈，从时间上说很紧迫。最后，保险人面临社会舆论的监督，哪怕是欺诈导致的拒赔，都给人一种保险公司"惜赔"的印象。因此，在机动车保险欺诈的识别面临高成本、低识别成功率并且具有一定外部性的情况下，机动车保险欺诈的识别有搭便车现象就易于理解。在这种搭便车心态和缺乏欺诈识别激励机制的情况下，机动车保险欺诈容易在各保险公司之间蔓延，最后导致机动车保险市场的效率损失。

三、欺诈导致商业性机动车保险市场"劣币驱逐良币"

英国人格雷欣发现在铸币时代，当那些低于法定重量或者成色的铸币——"劣币"进入流通领域之后，人们就倾向于将那些足值货币——"良币"收藏起来。慢慢地劣币就会将优币驱逐出市场，以致无人使用良币。这种现象被称之为"劣币驱逐良币"①，也称为格雷欣法则（Gresham's Law）。在商业机动车保险市场上，欺诈会导致劣币驱逐良币，也即是品行不好的投保人存在机动车保险市场，而诚实的投保人退出机动车保险市场。

机动车保险中的车身险属于商业自愿保险的范畴，也即，当机动车保险市场的产品、保险人的服务或者保险的费率有偏差，投保人不愿意接受的时候，一些投保人将退出机动车保险市场。当然这种现象只发生在自愿投保的商业机动车保险中，因为对于强制保险，机动车保险市场纵使有问题，投保人出于《道路交通安全法》的强制性要求，也必须进行投保。即"劣币驱逐良币"现象只发生在自愿投保的商业机动车保险市场。

---

① 胡庆康. 货币银行学 [M]. 上海：复旦大学出版社，2003：11 – 25.

机动车保险欺诈会从以下两条路径导致"劣币驱逐良币"的现象：

1. 投保人在保险公司之间转换。逆选择首先是在一家产险公司出现，机动车保险欺诈占比较高的公司，费率上升最快，这时没有欺诈的诚实投保人不愿意承担欺诈的成本，可能因此转换保险公司，随着诚实投保人的离开，欺诈的成本被每个投保人分摊的份额上升，最终不能接受费率上升的诚实投保人都选择离开。

2. 投保人退出整个机动车保险市场。机动车保险欺诈的识别失效或者疏于进行识别和防范，导致机动车保险费率的全面上扬，这时，诚实的投保人必须为欺诈的投保人承担成本，当费率的上升在一定范围之内，即小幅度上升，一般的投保人还是可以接受的，但是，随着欺诈的蔓延，费率必然快速上扬，这时，诚实的投保人没有欺诈性的索赔，却必须承担高额的费率，这种市场的不公平会导致一部分投保人退出。随着诚实投保人的退出。欺诈性投保人占比相对上升，费率再度上升，又会导致一部分诚实投保人退出。最终，如果识别仍然无效，欺诈没有成功防范，机动车保险市场将进入完全无效的状态，诚实的投保人将全部退出机动车保险市场。所以，在商业机动车保险业务中，欺诈可能导致整个市场的部分失效，严重的甚至会导致市场整体失效。

四、欺诈导致强制性机动车保险市场的价格失效

与自愿性机动车保险不同，强制性机动车保险，例如强制第三者责任保险，也称为交强险，该业务中，车主必须进行投保，没有投保一定额度的强制性第三者责任保险，该机动车将不能上路行驶。所以，在强制性机动车保险市场中，受制于法律的强制性规定，诚实投保人即使承担了欺诈的成本也不能自愿性地选择退出该市场，诚然，欺诈还不严重时，可以自由选择费率没有提升的保险公司。

根据保监会 2009 年的最新统计，2006 年实施交强险以来，交强险经营情况如下：交强险承保的车辆逐年增加，保费收入也由此上升，2008 年保费收入比 2007 年增加 2.96%，但是与保费收入增长相对应的是，交强险赔付水平的上升更加迅速，2008 年的赔款比 2007 年增加了 37.4%，增速远远大于同期保费增长速度。而实际上根据公安部交通管理局的最新统计，2008 年的道路交通事故比 2007 年减少 62005 起，造成的直接财产损失减少 1.9 亿，可以据此推断交强险中的欺诈有所上升，这必然导致下一年度保险公司普遍提高费率水平，费率反映真实赔付状况的功能部分丧失。

表 5 - 4　2006 年 - 2008 年我国交强险经营情况

	2006 年下半年	2007 年	2008 年
承保车辆数（万辆）	2521	6178	6930
保费（亿元）	218.8	537.5	553.4
赔款（亿元）	30.0	269.8	370.8

（数据来源：中国保险行业协会）

　　这种情况下，欺诈导致的机动车保险市场失效与自愿性的商业机动车保险不同。投保人面临的决策只有在 A 公司购买或者 B 公司购买。我国的机动车第三者责任强制保险采用的是保险公司自行决定费率的做法，但是遵守"盈亏收支平衡的原则"，即强制机动车保险亏损时，保险人可以调高费率；反之，强制三者险有盈余时，保险人可以降低费率。但是费率的变动需要上报保监会。这赋予保险公司经营强制三者险一定的自由度。当机动车保险欺诈导致 A 保险公司亏损时，其可能调高费率，投保人通过比价可能转向费率相对较低的 B 公司。但是当欺诈在整个机动车保险市场蔓延，B 公司也提高费率的时候，投保人不能选择退出机动车保险市场，而必须在所有已经提高费率的保险公司之中寻找相对较低的。这时候，机动车保险市场已经进入无效状态，所有的投保人强制分摊机动车保险欺诈的成本。机动车保险市场的费率已经丧失调节功能。

　　正是由于投保人退出机动车保险市场的威胁并不存在，不论费率如何上升，投保人都必须为机动车保险欺诈买单，所以，与商业性机动车保险相比，强制性机动车保险市场上保险人识别欺诈和防范欺诈的激励机制似乎更弱。并且，在强制三者险的理赔过程中，我国《道路交通安全法》为了补偿受害的第三方，使其得到及时合理的治疗，要求保险公司执行"先行赔付"的原则，也即出险时，保险人先行赔付，再按照事故认定进行追偿。这当中，保险人进行欺诈识别的时间基本没有。此时欺诈在强制保险市场可能比商业性机动车保险市场更为严重，费率变动作为价格信号的功能失效。

第六节　本章小结

　　本章分析机动车保险欺诈在目前的保险市场产生何种程度的影响。第一，从宏观角度来看，机动车保险欺诈会扰乱机动车保险市场的正常经营；从微观角度来看，它导致市场化以后的机动车保险费率失去调节功能，费率作为价格杠杆的功能部分丧失。第二，它使诚实投保人分摊了欺诈的成本，这从保险经营的公平性来看，会导致保险商品价格的扭曲。本书通过博弈分析的方法，在考虑惩罚成本的情况下，首次给出了被保险人实施机动车保险欺诈的解析值，这个临界值对于其他险种同样适用。第三，从我国近年机动车保险经营的实际数据上看，欺诈导致保险公司经营效益降低，赔付率上升，严重时可能影响保险公司的偿付能力。这里创新性地分析了我国目前机动车保险费率的敏感度，以此度量欺诈导致费率上升后对保险公司业务的影响。

同时，在自愿性的商业机动车保险中，欺诈会导致诚实投保人退出机动车保险市场，使机动车保险市场完全失效，这里创新性地引入经济学中的"搭便车"及"劣币驱逐良币"的理论。我国机动车保险欺诈已经呈现出蔓延的趋势，影响保险公司的赔付率，并在一定程度上影响了下一期的机动车保险费率。强制三者险由于刚刚起步，其欺诈后果还没有体现出来。随着我国机动车保险市场的快速发展，承保的机动车数量快速上升，索赔量急剧增加，欺诈掺杂在正常索赔之中，这对我国机动车保险经营提出严峻考验。这里机动车保险欺诈的经济后果分析，一定程度上适用于人寿、医疗和财产保险的相关研究。

第六章

我国机动车保险反欺诈措施及建议

通过前述章节分析，目前机动车保险欺诈已呈上升态势，手段呈现多样化趋势，严重影响保险公司经营及整个保险市场的稳定。为了有效地防范保险欺诈，以下分析我国目前保险反欺诈已经采取的措施及不足之处，同时借鉴美国的先进经验和做法，系统性地构建我国保险反欺诈的一体化策略。

第一节　我国现有机动车保险反欺诈措施及改进

一、宏观机动车保险欺诈防范措施及改进

1. 法律制度上的防范

构建完善的反欺诈相关法律体系，不仅是为防范机动车保险欺诈，也是为人寿保险、医疗保险、火灾保险等的欺诈防范建立法律基石，使今后其他险种的反欺诈做到有法可依。我国目前对于保险欺诈的规定和管理主要体现在《保险法》《道路交通安全法》《刑法》和全国人大《关于惩治破坏金融秩序犯罪的决定》。其中，《保险法》第二十七条第三、四款规定：保险事故发生后，投保人、被保险人或者受益人以伪造、变造的有关证明、资料或者其他证据，编造虚假的事故原因或者夸大损失程度的，保险人对其虚报的部分不承担赔偿或者给付保险金的责任；致使保险人支付保险金或者支出费用的，应当退回或者赔偿；第一百三十一条规定：伪造、变造与保险事故有关的证明、资料和其他证据，或者指使、唆使、收买他人提供虚假证明、资料或者其他证据，编造虚假的事故原因或者夸大损失程度，骗取保险金的，情节轻微，不构成犯罪的，依照国家有关规定给予行政处罚。如果情节严重、数额巨大，则依据《刑法》第一百九十八条可以追究其刑事责任。虽然《保险法》和《惩治破坏金融秩序犯罪的决定》最终以法律形式确立了"保险诈骗罪"，为反欺诈起到一定的保障作用，但是，许多保险公司在被诈骗后，顾及自己的信誉和企业

形象的影响，多采取不张扬的做法，进行低调处理，这就丧失对投保方欺诈的威慑作用。而且，机动车保险欺诈中常见小额欺诈，尚未达到保险诈骗罪的程度，对其的惩罚只能是解除合同，拒绝赔付，这使得小额欺诈和软欺诈游离在法律之外。

可见，机动车保险欺诈中，只有欺诈数额达到诈骗罪的，才能诉诸法律，使其受到法律的制裁。此外，仍然有一些法律的漏洞亟待完善，例如，机动车保险中通过重复保险进行欺诈的方式较多，但是我国保险法对于重复保险的规定尚不完善，对于投保人恶意重复保险的处理没有专门规定。并且，对欺诈的制约没有单独的欺诈法，而是嵌入在刑法和保险法中。因此，对欺诈的识别、防范和惩罚等措施难免规定宽泛难以执行。加强欺诈相关法律制度建设尤为重要。前述在欺诈成因的风险－效用分析中已经证明，增大欺诈被识别后的惩罚成本，从而改变欺诈的博弈结构是可以在一定程度上起到反欺诈作用的。

2. 保险意识的提高

法律和诚信是保险稳健经营的两个重要基石。在前述经济伦理学视角的欺诈成因分析中已经阐明，保险合同的基本原则是最大诚信原则，不论是对于投保人、被保险人还是保险人，不论是投保还是理赔都要求双方的最大诚信。因此，除了对机动车保险欺诈者进行行政、民事和刑事的惩罚外，还应该首先加强对投保人的保险意识的教育，使其对保险的保障功能，对机动车保险的承保范围、免责条款、机动车保险的索赔流程充分理解，避免非故意的机动车保险欺诈。所谓非故意的机动车保险欺诈是指，投保方对机动车保险保单不了解，过失地将不属于承保范围的事故，不属于承保范围的金额提出索赔。这种索赔与恶意的机动车保险欺诈不同，是被保险人因不理解机动车保险承保范围导致的过失。因此，加强保险知识的宣传教育，提高全社会投保人和被保险人的保险意识有利于消除这方面的机动车保险欺诈。在欺诈成因一章中分析了基于投保人不诚信引致的欺诈，因此在保险意识的提高中，尤其要重视投保方的权利、义务教育，使其明白基于保险合同的双方当事人都应当遵循的规定。此外，加强社会道德监督，增加投保方欺诈的间接成本。我们在不完全合约理论中已经证明，在多次博弈的机动车续保中，声誉机制的存在将使投保方选择诚实索赔，以达到博弈的长期均衡，这里信誉将成为抑制保险欺诈的重要机会成本，虽然这种心理成本难以货币化准确计量，但可以通过其他方式间接影响投保方的收入。我国从 2001 年开始开展个人信用制度建设的试点，其效应就在于通过对信用缺失的惩戒，使欺诈成本大大提高，从而激励社会成员遵守信用，提高社会运行效率。

二、行业性机动车保险欺诈防范措施及改进

1. 机动车保险电子信息平台的构建

通过对前述信息不对称导致的保险欺诈的分析，说明信息在保险欺诈识别中的重要性。目前，解决保险公司与投保方信息不对称的策略是从机动车保险电子信息平台开始的。机动车保险数量庞大，并且投保人流动性较强，为了识别各个投保人的特征，方便管理，同时共同防范机动车保险欺诈，我国几个省市已经进行机动车保险共享信息平台的构建。例如，北京市建立的"北京市机动车保险风险信息系统"，上海也建立了"机动车保险共享信息平台"，该平台由保险公司、行业协会、交通管理部门、公安部门等联合构建，进行跨行业的信息共享。

济南、青岛等少数地区建立了特定风险信息平台。所谓"特定风险信息"，是指地方保险行业协会与地方保险公司对机动车保险风险水平事先作出约定，例如，根据出险的次数对车辆进行风险程度的记载；根据交通事故的损失大小，设定车辆的风险等级。然后，各保险公司手工筛选出符合特殊约定的理赔信息，传输到数据库，共享数据通过界面查询的方式供保险公司使用，特定风险信息平台统一约定了信息的风险定义，但是，具有如下一些不足之处：一是共享数据范围狭窄，只有六种数据，这对于保险反欺诈是远远不够的；二是存在着数据标准不规范、数据人工采集导致传输效率低、数理统计基础薄弱、技术性能差等缺点。

一个有效的信息共享系统的主要评价参数包括：数据种类、数据规范性、采集方式、传输效率。其中，数据种类决定了共享系统的信息数量和信息范围，国际上，为了有效防范保险欺诈，机动车保险的数据要求一般是30种以上。数据规范性代表了共享信息数据标准的规范程度，是数据采集交换的质量基础和执行标准。我国由于地域限制，各个地方的信息不兼容，这使得跨区域欺诈难以识别。采集方式是指共享信息提供者或使用者采用何种方式实现数据流转，是共享系统技术性能的指标之一，实际上，采集方式会影响信息的成本和信息的准确性，在我国目前的保险欺诈中，信息成本是很重要的一项因素。传输效率是指在前三项评价参数基础上的数据传输效果，反映了共享系统在处理和生成数据时的技术效力。

表 6-1　保险电子信息共享方案主要评价参数的比较①

	机动车保险信息库系统	特定风险信息平台
数据种类	16 种	6 种
数据采集	自动采集	手动采集
传输效率	高效	低效
数据规范	业内标准与交管规范结合	具备数据标准，但不规范

我国目前的这两种信息平台都存在不足之处：第一，仅建立了机动车保险的信息平台，而其他诸如人寿保险、医疗保险、火灾保险等的信息平台还未建立，不利于其他险种的反欺诈；第二，信息平台的信息还不够全面，从纵向来看，历史数据缺失，从横向上看，数据指标不全面，一般只有 6-16 个指标，与国际的三十几个指标相距甚远，指标不全面必然使得欺诈识别准确性降低。

2. 加强行业反欺诈技术共享

机动车保险的高流动性和欺诈的隐蔽性、严重性决定了我国的各产险公司之间需要加强沟通，信息共享，共同防范机动车保险欺诈。目前，一方面保险业的信息化建设尚不完善；另一方面很多保险公司都视对方为竞争对手，没有沟通的桥梁，很容易给保险欺诈提供机会。因此，保险行业应该联合采取反欺诈的行动，建立反欺诈技术共享。例如，保险公司之间加强信息交流和数据共用将能够有效地减少投保人以重复投保为手段进行保险欺诈的可能性。

前述在识别欺诈的"搭便车"现象中分析了，欺诈识别具有很强的正外部性，如何鼓励保险公司主动地识别欺诈，而不是搭便车，是当前我国行业协会需要加以关注的。实际上，结合我国当前垄断竞争的非寿险市场格局，要使反欺诈的技术和信息能够充分共享，必须由处于垄断地位的三大财产保险公司共同，建立反欺诈联盟，将自身的信息、有效的欺诈识别技术加以共享，缩短各自识别欺诈的学习曲线。也许从短期来看，这种相互竞争的关系使得欺诈技术共享不利，但是，从长期收益的角度来看，这种协作是无数次重复博弈的最终均衡解，因为一旦反欺诈的技术得以共享，任何一家保险公司都可以更好地识别出欺诈案件，减少赔付金额，同时，减少欺诈识别的成本。并且，有些识别技术具有很强的延展性，可以延伸到其他非寿险产品的反欺诈中，保险公司通过节约赔付成本和识别成本，能够相应提高利润。

---

① 郭军. 车险信息共享蹒跚起步. http：//www.rmic.cn/action/blog/2006-3-1.

三、财产保险公司内部机动车保险反欺诈措施及改进

机动车保险欺诈的防范，核心之处还在于各家保险公司自身管理体系的完善。我国的财产保险公司也建立了一些防范机动车保险欺诈的方法，主要有定期对机动车保险理赔案件进行抽样调查，对机动车保险理赔的流程进行分流和完善，对机动车保险的投保方进行适当的激励，并依靠外部或内部力量设立独立调查人制度，以对重大案件进行欺诈识别和防范。

1. 记录出险情况，进行现场查勘

目前保险公司防范保险欺诈的第一步，是从记录出险情况、进行现场查勘开始的。现在，保险公司一般规定每个赔案都应按规定向报案专线报案，并将该报案登记表带入赔案卷宗，对未及时报案的可以不予理赔。进行现场查勘是防范保险欺诈最为基本的手段，特别是要努力追溯查勘第一现场。但是，由于交通管理相关法律的规定，小额交通事故中，投保方不需要等待保险公司的查勘定损，为维持道路交通顺畅，被保险车辆事故后须快速撤离现场，这使得现场查勘工作受到阻碍。在需要查勘的案件中，查勘时应将损坏部位与投保方陈述进行认真对比，对于不相吻合的情况要仔细检查。全方位、多角度来审视案情，并建立对查勘人员发现现场假案的奖励制度。

2. 机动车保险理赔抽样调查

在我国产险公司中，对机动车保险欺诈最普通的防范方式是理赔案件的抽样调查。由公司内部的独立人员，定期对一定数量的机动车保险赔案进行抽样调查，以便检查理赔是否规范，核对投保时间、承保范围、索赔单证是否齐全、是否真实或有可疑之处，赔款的给付是否正确等各方面信息。当然，这只是一种事后补救的方式，但是有其独特的优点，因为是相对独立的其他人员进行抽查，这有利于识别理赔人员和投保方合谋进行欺诈的情况，同时，抽样调查制度的存在，能从制度上给内部人员欺诈以一定的警惕和威慑。但是，人为的抽样会因人手和时间限制，不可能翻阅每个案件，难免疏忽。

3. 对机动车保险被保险人的激励机制

对于机动车保险欺诈，除了实行惩罚性措施之外，适当地采用激励机制，也有利于杜绝机动车保险欺诈。前述欺诈成因的风险－效用视角分析中已经证明，对于强制保险，保险费的缴纳会改变投保方的效用，这种基于保险合同的对价性（非对等性）决定了投保人在交纳保险费之后，有期待补偿的心理，但是不出险的车辆就无法得到任何保险金。为了防止这种因缴纳保费而产生的补偿心理实施的欺诈，保险公司正尝试采用一些激励机制。例如，根据人保财

险北京分公司统计，连续两年不出险的客户大约占客户总体的 5%。① 根据对机动车保险客户的调查结果表明，这部分客户因出险少，以往享受到保险公司提供的服务相对较少，因此，人保财险北京分公司在整合已有服务的基础上，加大了附加值服务范围，包括：保费价格优惠；全市范围内免费送油、搭车、拖车、换胎、发动机故障现场紧急修理；24 小时事故车专业救援；各种案件限时快速理赔，比如 2000 元以下，立等可取，3000 元以下，2 个工作日领取等快捷服务；全国范围异地出险，异地理赔；提供定损、修车、理赔的一站式服务。人保财险根据客户出险理赔记录给予特殊的价格优惠，多年不出险客户保费最高优惠可达 50%。这种激励性措施可以从更高层次上控制风险。因为通过鼓励投保方安全驾驶，一方面使保险公司的赔付风险降低，吸引更多的优质客户；另一方面则有明显的社会效益。但是这种激励机制也有局限性，因其指向特定的人群，即没有出险的客户，对于已经有出险记录的客户就无法享受到这种优惠，而且，这种激励机制只在投保之后，欺诈实施之前生效，也即一种事前防范欺诈的措施，其效果取决于投保方对享受费率的感受程度，对额外服务的认可程度等，对于故意的、恶意的欺诈效果不明显。

4. 对机动车保险理赔人员的管理

理赔人员是每一家财产保险公司中决定欺诈成功与否的关键人物。一般而言，我国目前对机动车保险理赔人员的管理主要有两类方式，以此来杜绝内外勾结导致的机动车保险欺诈：第一，对理赔人员的职责分离限定，也即，定损人员、核赔人员、给付保险金人员三者分离，互相牵制，以避免一人掌握所有环节，因失去监督而产生机动车保险欺诈。例如，太平产险采用的就是这种理赔人员管理方式。第二，从理赔的金额上进行管理。给核赔人员设立最大可自行决定的理赔金额，超过一定金额将上报审批，这有利于杜绝大额欺诈的发生。例如，太保产险 2002 年底推行独立核赔人制度，确定每个理赔案件由指定的独立核赔人全权负责处理。接报案后，核赔人可以调动公司的一切资源、理赔的各个环节服务客户。此外，太平洋产险还打破过去行政审批赔偿的做法，对独立核赔人实行分级授权。赔付金额在权限内的，独立核赔人全权处理。同时设立理赔总监，并设置两名督导，督查理赔各个环节的工作时效和案件的处理质量，确保案件得到迅速、高质量的处理。这两种理赔人员管理方式一定程度上有利于机动车保险欺诈的防范，但是，也存在一定弊端。职责分离

---

① 人保产险北分推出服务差异化新标. 中国金融网，http：//www.zgjrw.com//2005-9-10.

的方式固然有利于不同环节理赔人员之间的相互制约，但是，在欺诈识别中，也容易出现推诿现象，并且人员和环节过多，易导致理赔的低效率和欺诈识别链条的断裂。而金额限定的方式，固然可以防范大额欺诈，但是，对于理赔人员在一定权限内进行的核赔，依然无法鉴别是否存在小额欺诈。

5. 独立调查人制度

在机动车保险欺诈的识别和防范中，独立调查人制度属于比较新颖的反欺诈手段。由于其成本较高，所以一般适用于高额可疑的机动车保险索赔。现在国内产险公司实施的独立调查人制度一般有两种方式：第一，公司内部成立的，仅对管理层负责，不归属于任何部门的独立调查人，其构成一般是公司有经验的机动车保险理赔人员。人保财险武汉市分公司 2006 年就设立专门的"独立调查人办公室"，已经立案调查涉嫌赔案 97 笔，打击保险欺诈挽回经济损失 130 多万元。[①] 不仅在武汉，在重庆、哈尔滨、深圳、青岛等许多城市，类似的保险反欺诈独立调查人都起到重要作用。第二，从外部聘请独立调查机构对可疑的大额机动车保险索赔案件进行调查。有统计显示，我国已有 200 多家从事着类似私人侦探业务的调查机构和信息咨询公司，尽管业务开展一直处在地下状态，但是逐渐增多的保险欺诈案件正在成为不少商务调查机构的新业务。与保险公司内部独立调查人相比，外部的调查机构人员构成更广泛，工作人员大多数在司法、公安等部门工作了几十年，办过大小不计其数的刑事案件，有着丰富经验。他们专事保险公司委托，对保险理赔中的疑点展开调查，既为保险公司理赔澄清案情提供依据，又为公安、司法等机关惩治犯罪做好前期调查取证工作。

这两种独立调查方式，都能够对大额机动车保险欺诈索赔进行一定程度的识别，外部调查人由于专业性和人员的行业广泛性，具有较高的识别成功率。但是，成本较高，只适用于大额机动车保险欺诈的识别。例如美国在 1999 年发生了 1.16 亿次的财产和意外伤害索赔案，然而，仅仅 10000 件案子被单独立案调查。[②]

综观上述三个层面的反欺诈措施，可以看到，我国目前的保险反欺诈还远不成熟，并且，结合前述保险欺诈成因的分析可以看到，保险合约也是引致保

---

① 皮曙初. 保险业：欺诈与反欺诈的较量 [J]. 金融信息参考，2006（3）.

② Picard P，2000，Economic analysis of insurance fraud，in：G. Dionne，ed，Handbook of insurance，315 – 363.

险欺诈的一个重要因素，如何对保险合约进行改进，同时对可能引致欺诈的条款进行重新界定也是尤为必要的。建立全面的基于合约的、融合投保激励约束机制和保险人信息技术共享等多维一体的策略，才能显著提高反欺诈的效果。同时，这些反欺诈措施除了机动车因子和指标的部分之外，其余的反欺诈技术和工具是可以延伸到其他险种的反欺诈应用中的。

第二节　国际机动车保险反欺诈措施及借鉴

国际保险业从欺诈到反欺诈也走过一段发展历程：第一阶段，首先是 20 世纪 60 年代后期至 80 年代，保险欺诈上升，但是对欺诈的防范和管理受制于宏观背景而未能深入。一方面，随着保险业的发展，保险标的种类不断扩大，保险责任范围不断扩展，保险公司的风险管理因险种增加而分散。司法部门把主要精力和有限资源放在打击暴力犯罪上，缺乏对保险欺诈的关注，尤其是保险软欺诈，因其隐蔽性和金额小的特点极少受到起诉，这导致保险欺诈成为低风险、高回报的违法犯罪行为。另一方面，保险反欺诈的高成本和复杂性也是一项重要的制约因素，保险欺诈面临调查、起诉的一系列过程，加之保险公司在搜集证据方面欠缺经验和投入不足，并且，60 年代开始，国际保护消费者权益运动高涨，保险人的保险欺诈调查往往被贴上反消费者权益的标签，保险人不得不对一般性欺诈采取宽容态度，转而把欺诈造成的损失通过提高费率的方式转嫁到消费者头上。第二阶段，从 80 年代到 90 年代，随着保险业的成熟和外界环境的变化，各国开始采取一些保险反欺诈的措施，例如，建立相关反欺诈机构，通过反欺诈法案，使保险公司在反欺诈过程中做到有法可依，但是此阶段的反欺诈从技术手段上来看尚未成熟。第三阶段，20 世纪 90 年代至今，通过新的信息技术手段的运用，以及保险公司在实践中的总结，对保险欺诈，尤其是机动车保险欺诈的防范取得了一定成效。以下对国际保险反欺诈做一个评述，并选取适合我国目前保险市场的反欺诈方式加以借鉴。

一、设立专业机动车保险反欺诈机构

美国的保险反欺诈机构有全美机构，也有各州设立的机构，全美性质的机构主要职责在于推动法律制定，数据库的建立和共享等，而州保险欺诈局主要致力于具体案件的处理。2002 年，各州保险欺诈局共收到 99000 条疑案欺诈线索，公开调查约 33000 件，其中约 4800 件受到起诉，2535 件被定罪，挽回

投保方欺诈金额约 7050 万美元。①

1. 全国性的保险反欺诈机构

总部设在芝加哥的全美保险犯罪管理局是一家专门致力于打击保险欺诈和机动车辆盗窃犯罪的非赢利性组织，是介于保险公司和警察之间的中间机构，具有 100 多年的历史，与英国的保险人协会性质类似。该机构有 200 多名保险欺诈调查人员，可以为保险公司识别和防范欺诈提供服务。它是由前全国汽车盗窃署和保险犯罪预防学会于 1992 年合并成立的，由全美 1000 多家财产与意外保险公司、劳工赔偿保险机构、相互保险公司、汽车租赁公司、汽车停车场以及公共运输管理部门参与组成。全美保险犯罪管理局的职责主要包括以下四个方面：

（1）提供信息服务。全美保险犯罪管理局于 1995 年创立了一个保险欺诈数据库，该数据库的信息来自各家保险公司，约有 3.5 亿则保险理赔和机动车保险的相关信息，这为保险公司进行机动车保险欺诈的识别提供了非常重要的数据信息。

（2）接受保险人或消费者的委托对疑似保险欺诈进行调查。保险犯罪管理局由于其地位的特殊性，在欺诈的识别中具有较强优势，并且，其人员构成有广泛的专业背景，能较好地对保险欺诈进行识别。

（3）总结和培训欺诈识别方法。保险犯罪管理局依托数据上的优势，能定期对保险欺诈进行总结，将新的欺诈方式告知各家保险公司，同时为保险调查机构提供培训，积极开发先进的识别方法，对保险欺诈进行预警等。

（4）协助执法机构、技术专家、政府官员、起诉人以及国际组织打击保险欺诈犯罪。大型的保险欺诈呈现国际化和团伙化的趋势，因此，与国际组织联合有利于及早发现并破获团伙欺诈及跨国欺诈。

在美国，全国性的保险反欺诈机构还有成立于 1993 年的保险反欺诈联盟，这是一家由政府机构、保险公司、执法机构、学术机构以及消费者组织共同发起成立的机构。其职责是协助各方力量与保险欺诈做斗争，减少因保险欺诈给投保人、被保险人、保险人、政府与各类商业组织带来的损失。另外，许多机构对保险欺诈都有相关研究，例如美国的通用会计办公室，联邦调查局，美国商会，汽车生产商协会，以及一些保险研究机构，保险研究委员会和美国健康保险协会等。

---

① 夏益国. 美国的保险欺诈现状与防治［J］. 中国保险，2006，（12）.

在英国，1995 年就成立了全国范围的保险反欺诈办公室，设在英国保险协会内部。反欺诈办公室是一个信息沟通和协调机构，在国内主要与各保险公司沟通合作，还与警方以及社会保障部、福利局、移民局等政府部门保持联系，共同解决保险反欺诈问题。在国际上，英国反欺诈办公室还与美国、澳大利亚、匈牙利等国家的类似组织加强联系，共同研究保险欺诈的特征，共享保险反欺诈的成功经验及携手识别欺诈。

2. 州一级的保险反欺诈机构

美国由于法律体系的特殊性，州具有很强的独立性，州保险欺诈局的建立是在法律的积极推动下完成的。美国各州当中最早设立保险欺诈局的是北卡罗来纳州，于 1945 年设立。但是直到 1992 年，历经四十几年，只有 10 个州设立了保险欺诈局。全美保险犯罪管理局致力于推动各州保险欺诈局的建立，制定了州保险欺诈局法案范式供各州立法机构参考。90 年代至今，保险欺诈呈现快速增长的态势，各州开始谨慎关注保险反欺诈，截至 2005 年，在全美保险犯罪管理局的推动下美国有 40 个州建立了州保险欺诈局。各州的保险欺诈局属于官方组织，经费来源纳入州一级预算。但是由于各州立法不同，保险欺诈局的设立方式和权限有所不同。就权限而言，28 个州对保险犯罪的处理拥有相当于警察的权力；18 个州有罚款权，另有 18 个州配有检察官，有权对保险欺诈案件直接起诉。各州保险欺诈局的调查对象是从保险公司、州政府、执法机构移交过来的保险疑似欺诈案件，以及举报热线收到的举报。州保险欺诈局收到保险欺诈举报材料后，首先对材料进行筛选，根据材料的质量、涉案金额大小决定是否公开调查。如果公开调查后收集到足够证据，则提交检察官起诉。

二、制定保险反欺诈法

国际上，专门对保险欺诈进行立法的国家不多。而美国，从联邦到州都有对保险欺诈的详细的法律规定，这些条文能够指导保险公司如何对保险欺诈进行法律处理，同时对欲进行保险欺诈的投保人、被保险人也有震慑作用。而联邦的保险欺诈法主要功能在于对各州的相关立法进行指导，督促其法律的建立和完善。其中为各州所广泛采纳的法案样本是由美国保险反欺诈同盟起草的保险反欺诈法，该法案于 1995 年加以修订，并在各州推广。该法案旨在建立对保险欺诈的法律约束，其对象既包括保单持有人对保险人的欺诈，也包括保险人或意欲成为保险人或保险代理人的欺诈。该法案要求各州保险人在实践中要制定反欺诈操作体系，同时在投保书和索赔申请书中加上警惕欺诈的说明，以对保险欺诈起到预警作用。除此之外，还有保险欺诈局法案，机动车辆承保前审查法案等，这些法案同样要求保险公司制定保险反欺诈计划，提供保险反欺诈的年度报告，要求保险公司建立特别调查机构。至 2005 年，全美已经有 47 个州通过了保险反欺诈法案。美国通过在立法上对保险欺诈给予明确定义，有利于保险欺诈的界定和识别，甚至大多数州把某种程度的保险欺诈定为重罪。

在州一级层面上，参照联邦的保险欺诈立法，各州有各自的法律规范处理保险欺诈行为，如反纵火法，保费欺诈法，车主欺诈法，虚假警方报告法，强制性汽车照片调查法，车辆识别号码篡改法，报废车辆报废证书法等。早在 1976 年，美国佛罗里达州就制定了虚假和欺诈保险索赔法案。同年，该州创设了保险欺诈处。在立法的指导下，各州的保险反欺诈机构就能够对保险欺诈展开调查，其调查员拥有和警察一样的权限。为了方便保险欺诈的识别，他们还编撰文件，整理欺诈数据，并据此探明保险欺诈的发展趋势，寻找新的、有效的防范保险欺诈的工具。同时，通过设立黑名单制度，记载在其管辖范围内的所有欺诈案及涉案人员情况，让州内的保险公司共享信息，其目的是预防名单中的欺诈者继续危害保险业。

三、反欺诈意识教育

通过对保险欺诈的危害性进行宣传，提高公众的保险意识，并且充分调动全社会的力量来共同监督保险欺诈者，是一种行之有效的方式。英国保险协会的调查显示，当公众对保险欺诈的容忍度上升时，保险欺诈将日益严重。美国在提高社会公众保险反欺诈意识和识别保险欺诈的能力方面有一些值得借鉴的做法。美国非常重视培养和提高公众的保险反欺诈意识和能力，并积极通过多种渠道宣传保险知识，提高反欺诈意识。首先是通过各种媒体让公众了解保险欺诈活动给社会带来的危害。例如，保险反欺诈联盟定期把保险欺诈的典型案例刊登在《华尔街日报》《纽约时报》《商业周刊》《美国新闻与世界报道》等全美最有影响的报纸和期刊上，而美国的一些著名广播公司在黄金档节目中都曾播出过保险欺诈案例，通过对欺诈手段、危害、识别的特征等的分析，来联合社会的力量对欺诈进行监督。[1] 此外，保险反欺诈的有关机构还通过公益广告、建立专业网站，并定期举办专家讲座，张贴招贴画，放映影像资料。最为重要的做法是在投保单和索赔单证上印制"保险欺诈是严重犯罪"的警示

---

① 夏益国. 美国的保险欺诈现状与防治 [J]. 中国保险，2006（12）.

标志，给投保人和被保险人以及时的提醒。另外在中小学教学内容中增加一些保险反欺诈的内容，来加强对保险反欺诈的宣传，使保险反欺诈融入日常生活中。此外，有关机构定期或不定期向社会公众发布保险欺诈新动态、新特点以及识别假保单方法，提高公众的识别能力。

四、保险公司系统化的反欺诈措施

通过二十几年的发展，美国的保险公司在吸收各种经验的基础上，不断改进对保险欺诈识别和防范的技术。同时，各家保险公司之间共同分享数据，分享反欺诈的新方法。由于立法的要求，美国大多数州的保险公司都设立特别调查机构，特别调查机构一般由保险从业人员、退休警察、医生、侦探等组成。这种特别调查机构具有很强的独立性，能够利用专业知识对公司业务部门提交的可疑投保和索赔进行调查，如果发现重要欺诈线索，就将可疑欺诈索赔移交州保险欺诈局。当然，有些小型保险公司，出于成本的考虑没有设立特别调查机构，可与外部调查机构合作，把调查任务外包给专业调查机构。实际上，保险公司的特别调查成为美国保险反欺诈的重要防线。除了独立调查机构，保险公司内部最重要的反欺诈手段就是对理赔案件的过滤和分流。保险公司一般在索赔处理系统中设立一定检查手段，小额索赔如果各项指标均符合范围，保险公司将快速理赔；而对于大额索赔或者和指标不符合的小额索赔，将进行深入调查。近几年，随着电子保单的发展，通过网络进行保险欺诈日益增多。很多保险公司，尤其是机动车保险业务都开通网上投保功能，这种投保方式与现场投保相比，在单证审核、对被保险人及车辆的识别上难度都增大了，由此增大了欺诈的潜在可能性和损失的规模。据 LBMR（London – based Meridian Research）调查发现 2005 年之前平均每年网上欺诈达到 600 亿美元。来自于 SCBG（Stamford Connecticut – based Gartner）的调查也得到相似的结果①，研究表明网上零售保单欺诈的可能性是传统现场销售方式的 12 倍，保险公司由此加强对网络保险欺诈的关注和防范。远程跟踪系统是防范电子欺诈的一项重要措施，保险公司通过远程跟踪系统了解机动车的出险状况，诚然，这要求保险公司提升其电子设备的配置。

五、解决信息不对称的行业内保险信息技术共享体系

保险欺诈信息的统计、发布和共享对于欺诈的识别是尤为重要的。在保险

---

① 王子芹. 投保人保险欺诈表现及其中美对策比较 [J]. 深圳金融，2006（12）.

理赔中通过计算机技术建立各种理赔案件的信息共享，当保险人将被保险人或者投保人的信息输入电脑就可以查阅他们购买保险的历史资料，从而帮助保险人发现疑点。信息的有序存储，有利于在处理理赔案件时，快速寻找和匹配相关信息，节约欺诈识别的成本。因此，各国都积极促进保险信息库的建立与共享。例如，美国保险反欺诈法案规定保险人有义务向法庭、调查机构或保险监管机构提供有关疑似保险欺诈的信息，同时提供相关信息的保险人有权从信息接受者处获取与该案有关的信息。如果保险人没有履行自己应尽的义务，则保险人在今后要求相关机构返还被欺诈财物时将得不到法律的支持。另外，该法案对于无恶意动机下提供保险欺诈信息的个人或机构赋予民事豁免权，以防保险欺诈信息提供者被以诽谤、中伤或侵犯名誉权为由受到起诉，以解除信息提供者的后顾之忧，鼓励信息提供者积极提供信息。又如，美国的保险反欺诈联盟每年公开发表年度报告，对保险欺诈产生的原因、后果以及保险欺诈的形式与表现进行评估，得出权威性的、基于实际数据研究产生的结论。另外，各州还出版保险反欺诈报告，详细披露各州保险反欺诈局相关数据，如人员配备、职能、预算、接收相关保险欺诈线索的数量、调查数量、起诉数量、定罪情况以及挽回损失的数量等大量数据资料。

除了规范信息，反欺诈技术的跟进也是关键之处。美国保险反欺诈局还定期或不定期地公布研究报告，向公众、保险人或相关执法机构介绍保险反欺诈技术方面的最新进展或新发现，发布保险欺诈警报等。除了运用计算机，新的保险反欺诈手段也不断更新，例如指纹防欺诈等。在这些技术中神经元网络系统被认为是一种最有效的手段，它在防范保险欺诈中已经帮助保险人节约了上百亿美元。网络神经元系统的结论是一个具体的分值，从低到高，预示出现欺诈的可能性大小，分数越高，欺诈就越有可能发生。这使得保险公司的理赔人员能够准确地将他们的注意力集中到那些得分最高的索赔中。

我国保险反欺诈与国际相比，还有一定差距，尚未建立全国统一的保险理赔案件数据库。美国建立全国统一保险理赔数据库的过程是先在不同险种中逐步建立，然后合并成统一数据库，这对我国将来建立保险反欺诈数据库有一定指导作用。另外，我国保险反欺诈手段还仅限于在索赔流程中逐一识别的方式，这既增加保险公司的成本，而且人工的方式难免有疏漏，计算机化的程度还不够高，新的技术，例如指纹、网络神经、异常数据挖掘等手段还不能很好地运用。

第三节　我国机动车保险反欺诈中的关键点和难点

一、机动车保险反欺诈中的关键点

1. 对机动车被保险人：事前激励与事后惩罚相结合

机动车保险欺诈往往因为数量众多，金额不等，使得单一的欺诈识别和防范手段不能见效。并且，我国的机动车保险因地域经济状况不同而有很大差异。不同地区欺诈的实施手段、欺诈金额也有不同。为此，保险公司应当注重对被保险人的事前激励与欺诈的事后惩罚相结合。

（1）事前激励机制。一般来说，对于机动车保险软欺诈，事前激励的方式比较有效。因为被保险人的欺诈往往不是投保时就设计好的，并且，在出险的时候也没有故意扩大损失的意图，而仅仅是希望得到足额的赔偿，所以虚构单证或者适当夸大保险金额。这时，如果采用事前激励的方式，例如，对不出险车辆的奖励机制，提供一定额度的车辆服务，例如，免费洗车、拖车、定期免费维修及保养等，能够使被保险人在获得这些服务的情况下，放弃软欺诈的意图。当然，事前激励还包括在投保的时候，对被保险人进行机动车保险保单的详细分析，提供相应的机动车保险咨询，同时，在保单上对欺诈提出预警，并告知可能的后果。从博弈论的角度来看，被保险人在获得事前的激励约束时，是不愿意放弃长期的利益而进行一次性的小额欺诈。

（2）事后承保及理赔风险管理。对于机动车保险硬欺诈，或者故意的、恶性的欺诈行为，保险公司要加强承保以后的风险控制，同时将多种欺诈的识别和防范方式相配合。在欺诈成因一章的分析中，针对激励性条款也可能"触发"欺诈的情况，此处从策略上认为除了改进保险合约，加强承保后的风险管理也是尤为必要的。被保险车辆控制在投保方手中，因此，欺诈的人为因素很关键。此外，车辆具有很强的流动性，而流动性标的比静止标的的风险大，欺诈识别的难度也就增大。将高科技的手段加以应用，例如，采用前述的远程跟踪系统，以便对出险的车辆进行远程查勘、定损，又如指纹技术的应用、计算机技术的应用等，应当将多种识别方式相结合以提高识别率。同时，对于大额的欺诈，或者手段恶劣的机动车保险欺诈事件，应当付诸媒体，给予曝光，以起到警示作用。并且，随着我国保险欺诈相关法律制度的逐步建立和完善，保险公司应当摒弃为了维护企业形象，不敢诉讼的做法，主动寻求法律对机动车保险欺诈的规范和制约，以便在全社会范围共同形成对机动车保险欺诈的抵制。

2. 保险行业：加强多方信息共享和反欺诈合作

我国保险还处在"以保费为中心"的经营理念之中，这导致各家保险公司为了稳定已有的被保险人，同时扩大其市场份额，不愿透露或共享被保险人的信息，在机动车保险方面，激烈的竞争更是导致保险公司各自为政，所以，联合信息平台虽取得一定成效，但是，由于信息不完善，尤其是被保险人的理赔信息不充分，在机动车保险欺诈的识别中还没有发挥应有的功能。今后，保险公司需要关注公司之间的合作及行业之间的协作：

（1）增强保险公司之间信息共享。这要求国内的各家保险公司转换经营理念，从以保费为中心到以效益为中心，充分认识到机动车保险欺诈已经严重影响保险公司的经营、侵蚀保险公司的利润，倡导各家保险公司在整体机动车保险市场经营效益的基础上，共享信息、共同防范保险欺诈。考虑到我国三层次梯度的财产保险市场结构，监管部门可以首先从三大财产保险公司入手，通过一定的激励手段，使其建立信息充分共享的平台，再将其他的中小型财产保险公司和外资保险公司纳入，分步骤执行。

（2）加强与其他部门的合作。例如，与交通管理部门、司法部门等的合作。机动车保险欺诈的识别具有很强的专业性，单靠保险公司的力量是不足以全面应对的。交通管理部门是其中重要的环节之一，不论是现场查勘、事故认定、对受害第三方的赔偿金额确定等方面，都需要交通管理部门的合作。此外，机动车保险欺诈在识别和认定的过程中难免涉及法律纠纷，在我国现阶段保险欺诈法尚缺情况下，除了积极推进立法建设，与司法部门积极配合，也能够使保险公司更好地处理机动车保险欺诈。不恰当的处理方式不仅不能识别和认定欺诈，还有可能导致保险公司陷入诉讼与反诉讼的纠纷之中。

（3）加强与国际保险反欺诈组织的合作。我国的机动车保险反欺诈刚刚起步，技术手段还比较单一和落后，积极寻求机动车保险业发达国家的帮助，可以缩短学习曲线，降低学习成本，以便在更短的时间内建立我国自己的机动车保险欺诈识别和防范体系。

3. 产险公司：反欺诈成本与收益的权衡

前述根据信息经济学的原理分析了信息的获取是有成本的，在机动车保险欺诈的识别和防范中，为了稳定经营的需要，保险公司必须对欺诈的识别成本和收益进行权衡。研究表明，随着机动车保险业务规模的扩大和信息技术的发展，机动车保险反欺诈的难度和成本持续上升。据报道，2002 年美国 27 个州保险欺诈调查署支出的总额达到7400万美元，但追回的保险欺诈返还总金额仅有7050万美元。① 2003年35个州保险欺诈局的总预算为1.17亿美元，配备1331名工作人员。同时，美国的保险反欺诈局平均拥有31名员工，68%的人员是专门的调查专员，每年经保险反欺诈局调查处理的欺诈案件大约在8万件左右，平均用于保险反欺诈的预算是420万美元左右。② 高额的反欺诈成本，已经成为保险公司的一项重要支出。尤其对于我国中小型财产保险公司，当反欺诈成本超过收益时，可能影响其稳定经营，制定合理反欺诈成本预算显得尤为重要。通过对过去机动车保险反欺诈支出的数据进行挖掘，可以预测各种反欺诈方式的成本与收益，并进行适当的比较，从而选择合适的反欺诈方式或技术组合，以达到在减小成本支出的情况下，尽可能提高机动车保险欺诈识别的成功率，减少机动车保险欺诈对保险公司利润的侵蚀。机动车保险反欺诈支出的数据，包括各种与保险反欺诈相关的调查费用、诉讼费用、人力费用、还包括一些无形的费用损失，例如，声誉损失、企业形象等直接成本和间接成本。根据反欺诈数据挖掘的结果，对于那些欺诈识别成本明显高于识别收益的机动车保险调查或追偿手段，应当适当缩小，以减少不必要的费用支出。同时，加强多方合作，共享和学习其他公司和其他国家的欺诈识别技术，也有利于保险公司减少自身的探索成本，并且容易提高识别的成功率。当然，这当中要注意的是，机动车保险欺诈的成本支出是当期的，保险公司容易记录，但是反欺诈带来的收益可能是个长期的过程，不一定在当期体现，所以成本收益权衡比较时，要放在一定的、足够长的期限内作决策。

二、机动车保险反欺诈中的难点

1. 保险软欺诈难以识别

在我国，机动车保险业务竞争激烈，保险公司为了拓展业务，提高市场份额，同时稳住现有的业务来源，对保险软欺诈现象一般采取被动、消极的态度，不闻不问，极大地纵容了机动车保险欺诈的蔓延。此外，机动车保险软欺诈也很难识别，尤其是额度很小的欺诈，是属于正常索赔还是欺诈性索赔二者之间的界定很模糊。对于保险软欺诈，除了进行教育及投保时的预警，以下两方面工作需要保险公司重点把握：第一，是对投保方进行机动车保险保单的教育，使投保方对哪些属于保险范畴，出险时哪些损失属于保险公司赔偿责任，

---

① 熊志刚、韩天雪. 技术探索：异常数据挖掘与反保险欺诈［N］. 中国保险报，2006 – 8 – 1.

② 张颖. 保险欺诈多 政府护航难［N］. 国际金融报，2004 – 10 – 22（16）.

有所了解。第二，加强对理赔流程的管理，提高理赔人员的素质。承保和理赔是保险公司最核心的环节，理赔人员队伍是保险公司宝贵的人力资本，是其遏制机动车保险欺诈的重要保证。有经验的理赔人员除了通过培训，更需要缓慢的积累过程，在实务操作中可以聘请相应学科的专家组成外部理赔专家小组，使得外部知识内部化。总之，出于成本收益的考虑，保险软欺诈的理赔能否深入调查，完全取决于保险公司自身理赔人员的经验和能力。同时加强整个社会的诚信教育，尤其是保险最大诚信原则的教育，使被保险人充分认识到机动车保险欺诈的危害性，认识到欺诈给被保险人自身带来的后果，认识到维修厂欺诈给车主的安全行驶和保险公司的经营带来的危害，以及欺诈给所有诚实索赔的被保险人带来的额外成本。

2. 串谋性欺诈难以识别

串谋性欺诈往往发生在维修厂与被保险人、或者被保险人与交通管理人员之间。过去对于串谋性欺诈，由于识别的难度大，同时为了不与维修厂或者交通管理部门产生矛盾，保险公司一般对于串谋性欺诈宽松处理。考虑到其特殊性和危害的广泛性，对于串谋性欺诈，保险公司应当加强与其他行业的联合，加强信息交流，特别是与公、检、法部门的配合，狠狠打击串谋性欺诈活动。

对于串谋性机动车保险欺诈，根本上要增大机动车保险串谋欺诈被发现的概率，从而有助于通过社会舆论和惩罚机制遏制维修厂及交通管理部门的欺诈行为：

（1）明确部门及人员职责。首先需要建立科学的理赔程序，成立专门的理赔部门，使得承保与理赔相分离。过去，曾有保险公司将承保、查勘、理赔都在一个部门完成，这在程序上给串谋性欺诈留下了很大的漏洞，因此，通过使专职人员专门从事理赔事务，有利于其积累经验并形成规模经济。同时严格理赔人员的责、权、利，防止内部串谋欺诈的情况。理赔过程要严格遵守保险公司的理赔程序，禁止越权理赔。

（2）及时、主动查勘定损。在机动车保险索赔的处理中，对于保险事故的调查要及时，如果能够在第一时间赶到交通事故现场，就能够对事故认定了然，从而杜绝交通管理人员与被保险人的串谋欺诈。而对于维修厂的欺诈，保险人可以通过合约的方式，将双方的权利义务给予限制，同时适当地提供奖励措施，以鼓励维修厂规范地按照所需维修的部位、所需零部件的价格，所需的维修工时，提供恰当的服务，并定期对维修厂进行综合测评，选择维修效果和维修成本具有优势的维修厂，进行长期的合作。

（3）仔细审核单证。对于投保人提供的相关凭证要认真审查、核对，检查单证是否真实；单证上的数据及内容是否正确，尤其是对于保险事故的近因是否属于承保范围要仔细分析；同时通过定损和其他评估方式对于被保险车辆的损失情况进行精确测算。

第四节　本章小结

本章在前述分析的基础上，借鉴国外先进的保险反欺诈经验，结合我国保险及金融市场现状、以及机动车交通等实际情况，提出我国机动车保险反欺诈措施。这里首先分析国际上已经成熟的反欺诈手段，并指出其使用的成效，继而详细分析我国实际中如何建立多层次的反欺诈体系，这些反欺诈体系是建立在监管机构、保险行业、交警部门等充分协作的基础上，同时以保险公司为主导的模式。这种反欺诈的多层次模式不仅仅针对机动车保险，其建立起来的联合体系、信息平台、电子识别技术、立法等都同时适用于人寿保险、一般财产保险。文中创新性地提出，对于机会主义的欺诈、保险的软欺诈等应该采取疏导和保险合约激励相结合的方式；对于保险硬欺诈、保险诈骗罪等，以反欺诈电子化体系及社会监督为主；对于串谋欺诈，应当以保险公司联合维修厂、交警部门、司法机构等共同协作的方式防范；对于机动车保险中由于技术壁垒导致的欺诈，应着力提高理赔人员的定损和现场查勘的水平。

第七章

总　结

　　全书以机动车保险欺诈为引子，以此分析我国目前保险欺诈的整体状况。我国机动车保险占据财产保险绝对比重，机动车保险欺诈是保险欺诈较为严重的险种。本书系统研究机动车保险欺诈的现状、经济后果、识别及防范，其相关研究成果能够延伸到人寿保险、医疗保险、火灾保险欺诈的研究中。

　　本书首先整理分析国内外保险欺诈的相关研究。Derrig（2002，2007）对美国和加拿大保险欺诈的整理性描述；Caudill，Ayuso 和 Guillen（2005）对 Logit 识别模型的理论修正及实证检验等；Tennyson（2008）得出的欺诈识别因子虽然不是专门针对机动车保险，但是，在本书的研究中起到重要的指导作用；Patrick 和 Golden（2007）等对 PRIDIT 模型在欺诈识别中的缺点进行分析，并进而提出改良措施；同时，英国的 ABI、美国麻萨诸塞州的保险欺诈调查数据也对本书的研究起到参考作用。国内，万里虹（1997）、卫新江（2006、2007）等对人寿保险、机动车保险欺诈的定性分析，也对本书的研究有所借鉴。

　　本书在研究中综合性地考虑了我国目前机动车保险市场的实际情况。例如，机动车费率的市场化、机动车第三者强制险的实施、机动车保险市场的垄断竞争格局等，这些我国特有的背景因素导致机动车保险欺诈的形式与国外不同，欺诈的理论成因也有差异，本书在此创新性地从不同视角来分析机动车保险欺诈的成因。尤其是引入博弈论的方法解出被保险人实施欺诈的临界值；用"触发机制"理论分析激励性的"免赔额"条款、"无赔款优待"条款等也会在一定条件下引发保险欺诈。虽然研究的方法是博弈论与微观经济学中的一些基础方法，但是，严密推导得出的结论却是有很强指导意义的，它有利于推动保险公司对合约进行改进、积极提供除赔款外的其他附加值服务等新的保险反欺诈激励约束手段。

　　本书对保险欺诈成因及后果的既往研究进行细化及深度拓展。既往研究没有能够将保险硬欺诈与保险软欺诈从成因、识别及防范上加以区别对待；没有能够将强制性保险与商业性（自愿性）保险欺诈加以分离。本书通过经济后果的研究发现，这两种分离是很有意义的，因为它们的成因不同，对保险公司的危害也不同，同时，所采取的反欺诈手段也有区别。通过对投保方效用函数的博弈分析，本书发现对于商业性机动车保险，由于投保方可以选择退出保险市场，所以当欺诈蔓延导致费率大幅上升时，保险市场将出现"劣币驱逐良币"现象；对于强制性机动车保险，由于法律的强制规定，投保方必须投保，风险偏好型的投保方出于补偿心理可能实施软欺诈。

本书首次对我国机动车保险欺诈进行实证分析。由于我国保险相关数据缺失，尤其是理赔数据，大多数保险公司都没有建立时间纵向的欺诈数据库，并且，每个机动车保险索赔的指标不统一，不完善，不能从全国宏观角度定量进行机动车保险欺诈的识别。鉴于此，本书一方面通过对国际上已有的欺诈识别模型归纳、比对，并指出使用的数据要求，及未来数据成熟时使用中的关键点；另一方面，通过到大型保险公司进行实地调研采集的机动车保险索赔数据，进行分组分类，采用 Logistic 分布下两元选择模型作一个初步的欺诈识别指标的实证分析，得到我国机动车保险欺诈识别和防范的指引因子，以期对保险公司及监管机构进行保险反欺诈提供参考。

最后，本书也着重关注保险欺诈对保险公司及保险市场造成的经济后果。由于我国机动车保险费率市场化全面推广时间还不长，尚未有结合此条件的欺诈经济后果分析。本书在财产保险公司相关数据支持下，首次研究机动车保险欺诈对我国财产保险公司、对机动车保险费率（在机动车保险费率敏感度条件下）以及对整个机动车保险市场的影响。它的重要意义在于使机动车保险欺诈的后果量化，能够推进全社会对保险欺诈的关注。

保险欺诈在保险领域是一个新兴的研究方向，随着我国保险市场的不断发展和完善，未来有可能从以下几方面作拓展研究：

第一，以险种为引子，建立分险种的欺诈识别研究，尤其是加强对机动车保险欺诈和医疗保险欺诈的研究。目前国际上已有类似研究，我国受制于数据的不可获得性，还无法实现。但是，随着保险电子化程度的发展及保险共享信息平台的全面搭建，这种研究将变得可行。本书从我国目前险种的重要性出发，选择机动车保险为研究欺诈的突破口，同时，研究中的一些方法、结论，例如，博弈论的方法、风险效用的方法等都适用于其他险种。但是，由于精算及险种条款的差异，毕竟有不能适用之处，同时，医疗保险欺诈也是保险欺诈中的重灾区，因此，单独对其进行分析、识别和控制是尤为必要的。

第二，关注保险欺诈的实地调研。本书研究中深感数据不足的困扰，虽然也实地到几家保险公司进行机动车保险的调研，但是实证研究中对数据的需求仍是十分迫切的。今后，保险欺诈将重点关注识别研究，而识别研究得以进行最重要的前提就是充分的、可信的数据，因此，今后的研究需关注对投保方和保险公司的实地调研，需关注对不同险种保险欺诈的实地调研。

第三，加强保险知识普及及保险诚信教育，以减少保险软欺诈及其他机会主义导致的保险欺诈。本书在这方面研究也有涉及，但是，限于整体研究的架构，未有完全以此为主。英国及美国保险调查显示，小额的保险软欺诈从案件数量上、实施欺诈的主体上都占绝对比重，需加强对此类欺诈的识别，同时通过保险知识的普及和全社会诚信意识的提高，减少此类欺诈的发生。

我国保险业发展迅速，欺诈正成为目前困扰我国保险界的一大难题，希望本书能够引导国内读者及相关学者对保险欺诈的关注和继续深入的研究，同时，也希望本书的研究方法及相关研究结论对其他险种保险欺诈及金融欺诈的研究起到借鉴作用。

参考文献

中文文献

［1］艾伦．施瓦茨．法律契约理论与不完全契约．契约经济学［M］．北京：经济科学出版社，1999．

［2］ABI. 2005 UK Insurance Key Facts［R］．英国：英国保险人协会（ABI），2006．

［3］［英］安德里斯．R. 普林多、比莫．普罗德安，韦正翔译．金融领域中的伦理冲突［M］．北京：中国社会科学出版社，2002．

［4］编写组．机动车交通事故责任强制保险条例解读与案例指引［M］．北京：法制出版社，2006：1．

［5］博尔奇［挪威］．保险经济学［M］．北京：商务印书馆，1999：222－228．

［6］陈天翔．机动车保险利润全行业下滑［N］．第一财经日报，2006－9－5．

［7］陈宝庭、刘金华．经济伦理学［M］．大连：东北财经大学出版社，2001．

［8］陈昆亭、龚六堂．中国经济周期波动特征分析：滤波方法的运用［J］．世界经济，2004，（10）．

［9］陈跃兴、朱余庆．机动车保险骗赔分析及对策［J］．保险研究，2005，（6）：69－70．

［10］程虹著．制度变迁的周期［M］．北京：人民出版社，2000．

［11］程振源．保险欺诈的博弈分析与最优保险合约的设计［J］．中国管理科学，2007，（1）．

［12］慈中阳．机动车保险发展历程与现状浅析［J］．经济与管理，2006，（2）．

［13］从爽．面向 MATLAB 工具箱的神经网络理论与应用［M］．合肥：中国科技大学出版社，1998．

［14］D·诺思．经济史中的结构与变迁（中译本）　［M］．上海：上海三联书店，1991．

［15］邓敏．中国保险业的历史与未来：一个制度变迁视角［J］．金融研究，2000，（6）．

［16］董国升、王新军．当前车险市场竞争特点及对策［J］．保险研究，2006，（4）：38．

［17］董昭江、冯前程. 信息不对称及其对保险欺诈的影响［J］. 山东社会科学, 2006,（2）：80 - 84.

［18］冯跃. 新一轮车险价格战山雨欲来［J］. 中国保险, 2005,（9）：21.

［19］韩秀彬. 新形势下人寿保险的诈骗方式及防范对策［J］. 保险研究, 2003,（9）.

［20］黄少安主编. 制度经济学研究［M］. 北京：经济科学出版社, 2004.

［21］黄枫、卓志. 我国车险金额确定与赔偿处理的改革［J］. 保险职业学院学报, 2006,（1）：6 - 8.

［22］黄雅卓、金敏尔. 车险改革中的问题及对策［J］. 上海金融, 2005,（3）：60 - 61.

［23］黄海骥. 保险信息不对称的表现及影响［J］. 保险研究. 2003,（12）：21 - 23.

［24］胡庆康. 货币银行学［M］. 上海：复旦大学出版社, 2003：11 - 25.

［25］胡庆康. 保险监管模式比较［J］. 商业时代, 2006,（8）：60 - 62.

［26］琼·泰勒尔. 评论. 契约经济学［C］. 北京：经济科学出版社, 1999.

［27］李隽琼. 机动车保险欺诈4年骗走13亿元, 有关部门将加强打击力度［N］. 北京晨报, 2004 - 4 - 17.

［28］李立. 保险人与服务提供商的关联模式与共谋型保险欺诈［J］. 南方经济, 2008,（9）.

［29］林毅夫. 关于制度变迁的经济学理论：诱致性变迁与强制性变迁. 财产权利与制度变迁——产权学派与新制度学派译文集［C］. 上海：上海三联书店, 1994.

［30］刘汉良. 统计学教程［M］. 上海：上海财经大学出版社, 2005.

［31］刘凤芹. 不完全合约与履约障碍［J］. 经济研究, 2003,（4）：22 - 31.

［32］刘潇. 社会医疗保险基金不同支付模式下的保险欺诈行为分析［J］. 人口与经济, 2008,（2）.

［33］刘涛. 保险欺诈如影随行［N］. 中国保险报, 2006 - 12 - 6.

［34］龙玉国等编著. 机动车保险创新和发展［M］. 上海：复旦大学出版社, 2003.

［35］马克昌. 刑法［M］. 北京：高等教育出版社, 2002.

［36］马明哲. 挑战竞争——论中国民族保险业的改革与发展［M］. 北京：商务出版社, 1999.

［37］马飞孝. 车险理赔需要制度制约［J］. 中国保险, 2005,（7）：54 - 55.

［38］马力、李胜楠. 不完全合约理论述评［J］. 哈尔滨工业大学学报, 2004,（11）：72 - 76.

［39］聂勇. 保险合同涉诉问题研究［J］. 保险研究, 2005,（7）：84 - 86.

［40］奥利弗·威廉姆森. 治理机制［M］. 北京：中国社会科学出版社, 2001.

［41］房永斌、孙运英. 保险法规监管［M］. 北京：中国人民大学出版社, 2004.

［42］皮曙初. 保险业：欺诈与反欺诈的较量［J］. 金融信息参考, 2006,（3）.

［43］平新乔. 微观经济学十八讲［M］. 北京：北京大学出版社, 2004：53.

［44］乔善波．住院医疗费用保险的保险事故研究［J］．保险研究，2006，（1）：52－54．

［45］全国保险业标准化技术委员会制定．保险术语．北京：中国财政经济出版社，2007：106．

［46］石若一、石岩．汽车保险内部控制动态监控模型的研究［J］．保险研究，2006，（6）：38．

［47］盛继红．揭秘汽车维修的三个巧板眼［N］．长江商报，2006－9－16．

［48］孙蓉．中国保险业发展的伦理维度与道德基础［C］．台湾：海峡两岸风险管理与保险学术研讨会，2006．

［49］唐运祥．中国非寿险市场发展研究报告2004［M］．北京：中国经济出版社，2005：78．

［50］陶存文．中国保险交易制度成本研究［M］．上海：立信会计出版社，2005：170－191．

［51］王宏儒编著．Excel在统计学中的应用［M］．北京：中国铁道出版社，2004．

［52］王绪瑾．保险学概论［M］．北京：中央广播电视大学出版社，2004：47．

［53］王凯．英国车险承保的启示［J］．中国金融，2006，（2）：49－51．

［54］王纲．机动车保险费率市场化进程中利润曲线的经济学分析［D］．杭州：浙江大学，2005．

［55］王子芹．投保人保险欺诈表现及其中美对策比较［J］．深圳金融，2006，（12）．

［56］王慈荣、孙运．防范车险诈骗案［J］．上海保险，2006，（1）：40－42．

［57］万里虹．人身保险诈骗及其防范［M］．北京：中国金融出版社，1997．

［58］汪锋．汽车保险向不合理条款说不［J］．沪港经济，2006，（2）：60．

［59］卫新江．美国机动车保险反欺诈的经验及对我国的启示［J］．保险研究，2006，（3）：92．

［60］卫新江．保险欺诈防范方法［J］．中国保险，2006，（2）：64．

［61］魏华林、林宝清．保险法［M］．北京：高等教育出版社，1999．

［62］魏宗舒等编．概率论与数理统计教程［M］．北京：高等教育出版社，2005．

［63］温小霓、宋国乡．医疗保险博弈与激励［J］．西安电子科技大学学报，2006，（2）：125－128．

［64］邬文俊．论格式条款的规制［J］．经济与法，2006，（1）：141－143．

［65］吴焰．中国非寿险市场发展研究报告（2006）［R］．北京：中国经济出版社，2007．

［66］夏益国．美国的保险欺诈现状与防治［J］．中国保险，2006，（12）：63－64．

［67］夏烽、尤德新．保险公司应正确应对理赔诉讼［J］．保险研究，2005，（5）．

［68］谢识予．经济博弈论（第二版）［M］．上海：复旦大学出版社，2004．

［69］邢莉．机动车保险经营的现实矛盾［J］．中国保险，2005，（5）：22．

［70］熊志刚、韩天雪．技术探索：异常数据挖掘与反保险欺诈［N］．中国保险报，

2006 – 8 – 1.

［71］徐进．我国车险费率改革中的市场结构与绩效初评［J］．统计与决策，2005，（1）：40 – 43.

［72］徐超．美国车险欺诈升级为团伙犯罪［N］．经济参考报，2006 – 9 – 5.

［73］徐文虎著．中国保险市场转型研究［M］．上海：上海社会科学院出版社，2005.

［74］许谨良．保险学原理［M］．北京：高等教育出版社，2005：68.

［75］许谨良主编．保险产品创新［M］．上海：上海财经大学出版社，2006.

［76］杨秋芳．产险公司要运用再保险技术管理风险［J］．保险研究，2004，（2）.

［77］杨其静．合同与企业理论前沿综述［J］．经济研究，2001，（1）：80 – 87.

［78］杨文明．论机动车保险理赔服务［J］．保险研究，2004，（7）：37.

［79］姚树洁．中国保险业效率的实证研究［J］．经济研究，2005，（7）.

［80］叶明华．保险欺诈心理动因分析［J］．中国保险，2007，（8）.

［81］应世昌编著．新编财产保险学［M］．上海：同济大学出版社，2005.

［82］张维迎．博弈论与信息经济学［M］．上海：上海人民出版社，1996.

［83］张艳辉、赵桂芹．车险费率市场化与自律同盟［J］．上海保险，2003，（2）.

［84］张杰．中国金融制度的结构与变迁［M］．太原：山西经济出版社，1998.

［85］张颖．保险欺诈多，政府护航难［N］．国际金融报，2004 – 10 – 22.

［86］植村信保著，陈伊维、谭颖译．日本财产保险业的变化及对策［M］．北京：机械工业出版社，2005：135.

［87］中国金融年鉴编辑部．中国金融年鉴．北京：中国金融年鉴出版社，1999 – 2007.

［88］中国保险年鉴编辑部．中国保险年鉴．北京：中国保险年鉴出版社，1999 – 2007.

［89］中国保险监督管理委员会网站 www.circ.gov.cn

［90］中国金融网，www.zgjrw.com

［91］周惠中．微观经济学［M］．上海：上海人民出版社，2002：441.

［92］祝向军．道德风险与保险商品价格形成的博弈分析［J］．财经研究，2004，（3）：40 – 48.

［93］朱俊生著．中国保险费率市场化论纲［M］．北京：首都经济贸易大学出版社，2005.

［94］朱文胜著．中国保险业制度变迁与绩效研究［M］．北京：中国金融出版社，2005.

［95］朱铭来、汪佚丽．我国汽车保险需求的实证分析［J］．保险研究，2006，（7）：24.

［96］庄洪胜．人身伤害疑难案例评析与控辩指南［M］．北京：新华出版社，2002.

［97］卓志．保险经营风险防范机制研究［M］．成都：西南财经大学出版社，1997.

［98］左顺根、左挥师．论保险合同的不完全性与履约障碍［J］．商业经济，2004，（1）：114．

英文文献

［1］Artis & Guillen，2002，Detection of auto insurance fraud with decrete choice models and misclassified claims，journal of risk and insurance，69（3）：325 – 340．

［2］Bachir and georges（1997），"insurance fraud estimation：more evidence from the Quebec auto insurance industry"，assurance，No64，January，567 – 579．

［3］Bachir belhadji and Georges Dionne，Development of and expert system for the automatic detection of automobile insurance fraud，the journal of risk and insurance，1997．

［4］Barth M M 2000，A Comparison Of Risk – Based Capital Standards Under The Expected Policyholder Deficit And The Probability Of Ruin Approaches，Journal Of Risk And Insurance，67：397 – 413．

［5］Belhadji，E. B，and G. Dionne，1997，Development of an Expert system for the Automatic Detction of Automobile Insurance Fraud，Risk management chair，working paper，97 – 06，HEC – Montreal．

［6］Canadian Coalition Against Insurance Fraud，1997，Red Flag for Detection Insurance Fraud，Toronto．

［7］Chen R K A Wong And H C Lee，1999，Underwriting Cycles In Asia，Journal Of Risk And Insurance，66：29 – 47．

［8］Chen R And H C Lee，1998，Probability Of Singapore General Insurance Fund：Trends And Determinants，Working Paper，National University Of Singapore，Department Of Finance And Accounting．

［9］Colition Against insurance Fraud，2001a，Annual Report（Washington D C：Coalition Against Insurance Fraud）．

［10］Colition Against insurance Fraud，2001b，A statistical Study of State Insurance Fraud Bureaus—A Quantitative Analysis – – –1995 – 2002（Washington D C：Coalition Against Insurance Fraud）．

［11］Cummins，J. D and S. Tennyson，1996，Moral Hazard in Insurance Claiming：Evidence from Automobile Insurance，Journal of Risk and Uncertainty，12：29 – 50．

［12］Derrig R. A and K. M. Ostaszewski，1995，Fuzzy Tecniques of Pattern Recognition in Risk and Claim Classification，Journal of Risk and Insurance，62：447 – 482．

［13］Derrig R A and V. Zicko，2002，Prosecuting insurance fraud：A case study of the Massachusetts experience in the 1990s，Working paper，insurance fraud Bureau of Massachusetts．

［14］Dionne G F Giuliano，and P. Picard，2003，Optimal auditing for insurance fraud HEC，Chaire De Recherche Du Canada，University de Montreal．

[15] Doherty N A, 2001, Integrated Risk Management (New York: McGraw – Hill).

Insurance Research Council and Insurance Service Office, 2001, Fighting Insurance Fraud: Survey of Insurance Anti – fraud Effort, Malvern, Pa.

[16] Fugate, M, A. Marathe and C. Scovel, 2003, Logistic regression with incomplete choice – based samples, Los Alamos National Laboratory. Available at http: //www. c3. lanl. gov/ napc/pdf

[17] Gen Re《automabile insurance》, http: //www. genre. com/page/, 2006 – 9 – 11.

[18] Grossman, S. and Hart, O. The costs and benefit its of ownership; A theory of vertical and lateral integration [J]. Political Economy, 1986, 94: 691 – 719.

[19] Hart, O. and Moore, J. Property rights and the nature of the f i rm [J]. Journal of Political Economy, 1990, 98: 1119 – 1158.

[20] J. Gani, C. C. Heyde. Aspects Of Risk Theory [M]. World Publishing Corporation, Beijing, 1993.

[21] Kenneth Black, Jr. Harold D. Skipper. Life Insurance. Prentice—Hall, Inc. Usa, 1994.

[22] Major J. A and D. R. Riedinger, 1992, EFD: A Hybrid Knowledge /Statistical – Based System for Detection of Fraud, International Journal of Intelligent Systems, 7: 687 – 703.

[23] (美) N. L. Bewere. Risk Theory. [M]. 上海: 上海科学技术出版社, 2001.

[24] Patrick L Brokett, Richard A Derrig, Linda L Golden, Arnold Levine and Mark Alpert, Fraud classification using principal component analysis of Ridit, the journal of risk and insurance, Vol. 69, No. 3, 341 – 371.

[25] Picard P, 2000, Economic analysis of insurance fraud, in: G. Dionne, ed, Handbook of insurance, 315 – 363.

[26] Richard A Derrig, insurance fraud, the journal of risk and insurance, 2002, Vol. 69, No3, 271 – 287.

[27] Rothschild and J Stiglitz1976: Equilibrum in competitive insurance markets: an essay on the economics of perfect information, quarterly jounal of economics (90): 629 – 650.

[28] Spence M. 1974: Market signal, Cambridge, Mass: Harvard university press.

Sigma, Natural catastrophes and man – made disasters in 2005, Swieere Publication, 2006. 2

[29] Steven B. Caudill、Mercedes Ayuso and Montserrat Guillen, Fraud detection using a multinomial Logit model with missing information, the journal of risk and insurance, 2005, Vol. 72, No. 4, 539 – 550.

[30] Tennyson S and P. Salsas – Forn, 2002, claims auditing in automobile insurance: fraud detection and deterrence objectives, journal of risk and insurance, 69 (3): 289 – 308.

[31] Watt, R, 1999, The "Zero Fraud" Indemnity Function for Insurance contracts, Pa-

per presented at the 26th seminar of the European Group of Risk and Insurance Economists, September.

[32] Williamson. O. E, the economic institution of Capitalism, New York: Free press, 1985.

[33] Weisberg H. I. R. A. Derrig, and X. Chen, 1994, Behavioral factors and Lotteries Under No – fault with a Monetary Threshold: A study of Massachusetts automobile Claims, Journal of risk and insurance, 61: 245 – 275.

[34] Wolf, G. D, H. I. Weisberg, and A. J. Brand, 1999, New Technology to Reduce Opportunitic Fraud, SIU Awareness, June: 18 – 22.

[35] Moreno, Francisca and Watt, Can Bonus – Malus Allieviate Insurance Fraud? The Journal of Risk and Insurance, 2006, Vol73, 123 – 151.

[36] Jorg Schiller, The Impact of the Insurance Fraud Detection Systems, the journal of Risk and Insurance, 2006, Vol73, 421 – 438.

[37] M. Martin. Boyer, Resistance to Fraud Is Futile?, the journal of Risk and Insurance, Vol74 (2007), PP. 461 – 492.

[38] Jean. Pinquet, Mercedes Ayuso & Montserrat Guillen, Selection Bias and Auditing Policies for Insurance Claims, the journal of Risk and Insurance, Vol74 (2007), PP. 425 – 440.

[39] Mike. Bowron & Oliver. Shaw, 2007, Fighting Financial Crime: A UK Perspective, Economics Affairs, Vol27: 6 – 9.

后　记

　　本书是在我的博士毕业论文的基础上修改而成的。收笔之际，窗外夜色阑珊。回首漫漫十年路，感慨颇多。曾经的激昂、曾经的憧憬都已在岁月的流逝中越走越远。但是，倾心学问所带来的痛苦和快乐却如此清晰。

　　我想轻轻地对自己说声谢谢。感谢在这枯燥而繁琐的求学日子里，自己能够持之以恒。今天的一切，也许还不是最后的成功。但是，我为自己所付出的努力而感到快乐。草长莺飞，所有的思考在研读的时光中闪烁，也许这样的思考还有所欠缺，有所偏激，但是，它带给我发现的快乐。十年的求学路，因为研读而有所收获，因为思考而有所发现。

　　三年的复旦行，庆幸并由衷感谢良师益友一路相伴，他们的关爱带给我震撼心灵的感动。首先，我要由衷地感谢我的导师胡庆康教授。他睿智而诙谐的言语，常常在淡然中给我以做人做事的感悟。他给我的潜移默化的影响，不仅仅是学术，还有对生活乐观而积极的态度。我祈愿自己的未来能这样从容走过每一步。诚挚感谢徐文虎教授，他为我的学术研究提供了良好的平台。在项目的参与中，使我所学的知识得以应用、提升，并学会向学术团队中的洪远朋教授、尹伯成教授、丁纯教授、徐培华教授、陈冬梅副教授、周环老师、张仕英老师、林琳老师、沈婷老师、王伟博士学习。学术因探讨而提升，友情因学术而融合。真诚感谢：周芳博士、郑木清博士、刘宗华博士、潘冠中博士、梁丽博士、谢诗蕾博士、陈华龙博士、尹应凯博士、崔惠芳博士、许文超师弟、秦怀宝师弟、陈福生师弟、谢晓芳师妹，感谢他们在我艰辛求学的日子里给我的帮助和关爱。此外，也要感谢保险系的李林金老师、饶荫华老师、方贤明老师，经济学院的朱萍老师、胡琨老师，上海财经大学的刘晓革老师给我的热心帮助。

　　博士毕业论文在开题、资料收集、修改的过程中，受到西南财经大学副校长卓志教授的悉心指导和帮助。他严谨的治学态度，深厚的保险学术造诣给我很大的启迪，在此表示真诚的谢意。在上海财经大学的七年求学之路带给我人生最温馨的印记，感恩于我的硕士导师俞自由教授，她的精神和人格魅力使我在求知的路上不敢懈怠。同时，对上海财经大学精算专业谢志刚教授、复旦大学经济学院副院长许少强教授、上海财经大学保险系许谨良教授、应世昌教授多年的指导，也致以深深谢意。

就职于华东师范大学之后，得到学校及金融与统计学院各位老师的关心与帮助，在此一并表示真诚的谢意。同时也感谢教育部高等学校社会科学发展研究中心和光明日报出版社提供了这次宝贵的机会。

此外想由衷地感谢我的先生张秋。他的包容和理解使我得以以一种超然的心境去追逐自己的梦想。人生之旅，因为执子之手的爱，而使前行的路充满希冀。

最后，谨以此书献给我已退休正在安享晚年的父母，感谢他们在我成长的每一步所付出的艰辛。

叶明华

于华东师范大学

2009 年 12 月